A outra vida de Catherine M.

A outra vida de Catherine M.

Catherine Millet

TRADUÇÃO
Hortencia Santos Lencastre

Título original
Jour de souffrance

Copyright © 2008, Flammarion
Copyright da tradução © 2009, Agir Editora Ltda.

Liberté • Égalité • Fraternité
RÉPUBLIQUE FRANÇAISE

Cet ouvrage, publié dans le cadre de l'Année de la France au Brésil et du Programme d'Aide à la Publication Carlos Drummond de Andrade, bénéficie du soutien du Ministère français des Affaires Etrangères et Européennes. "França.Br 2009" l'Année de la France au Brésil (21 avril – 15 novembre) est organisée: en France, par le Commissariat général français, le Ministère des Affaires Etrangères et Européennes, le Ministère de la Culture et de la Communication et Culturesfrance; au Brésil, par le Commissariat général brésilien, le Ministère de la Culture et le Ministère des Relations Extérieures.

Este livro, publicado no âmbito do Ano da França no Brasil e do programa de auxílio à publicação Carlos Drummond de Andrade, contou com o apoio do Ministério francês das Relações Exteriores e Europeias. "França.Br 2009" Ano da França no Brasil (21 de abril a 15 de novembro) é organizado: na França, pelo Comissariado geral francês, pelo Ministério das Relações Exteriores e Europeias, pelo Ministério da Cultura e da Comunicação e por Culturesfrance; no Brasil, pelo Comissariado geral brasileiro, pelo Ministério da Cultura e pelo Ministério das Relações Exteriores.

Capa
Rita da Costa Aguiar

Foto de capa
Marc Ohrem Le-Clef/Corbis/Latinstock

Copidesque
Nina Schipper

Revisão
Taís Monteiro
Taisa Fonseca

Produção editorial
Maíra Alves

Todos os direitos reservados à
AGIR EDITORA LTDA. – uma empresa Ediouro Publicações S.A.
Rua Nova Jerusalém, 345 – CEP 21042-235 – Bonsucesso – Rio de Janeiro – RJ
Tel.: (21) 3882-8200 – Fax: (21) 3882-8212/8313

Jour de souffrance:
"Baie qu'on peut ouvrir sur la propriété d'un voisin à condition de la garnir d'un châssis dormant."

Le Robert. Dictionnaire historique de la langue française.

Chama-se *jour de souffrance* — "abertura tolerada", no sentido literal, ou "dia de sofrimento", por homonímia — uma janela que dá para a propriedade vizinha deixando passar a luz, mas cuja vidraça tem que ser fixa e opaca.

Sumário

9 Resumo

31 Sonhando acordada

57 O envelope escondido

69 Sarajevo, Cluj, Timisoara

93 C. desaparecida

103 Pulsão

151 O quarto azul

163 No umbral da porta

187 Na praia

Resumo

Se não acreditamos em predestinação, temos que admitir então que as circunstâncias de um encontro, que por comodidade atribuímos ao acaso, são, na verdade, o resultado de uma incalculável sequência de decisões tomadas em cada cruzamento de nossa vida e que, secretamente, nos levaram até ele. Não que tenhamos buscado, nem mesmo desejado, ainda que inconscientemente, todos os nossos encontros, até mesmo os mais importantes. O que acontece é que cada um de nós age como um artista ou um escritor que constrói sua obra numa sucessão de escolhas. Um gesto ou uma palavra não determina inelutavelmente o gesto ou a palavra seguinte; pelo contrário, coloca seu autor diante de uma nova escolha. Um pintor que colocou uma pincelada de vermelho pode escolher alongá-la, justapondo-lhe uma pincelada de roxo; pode escolher fazê-la vibrar com uma pincelada de verde. No final, por mais que ele tenha trabalhado com uma certa ideia do quadro pronto na cabeça, a soma de todas as decisões tomadas, sem que tenham sido previstas, fará surgir um outro resultado. É assim que vamos conduzindo nossa vida, num encadeamento de atos bem mais deliberados do que estamos prontos a admitir — porque assumir claramente toda essa responsabilidade seria um fardo muito pesado —, e que, no entanto, nos colocam no caminho de pessoas em cuja direção não pensávamos já estar nos dirigindo há tanto tempo.

Como foi que a figura de Jacques entrou pela primeira vez no meu campo de visão? Seria incapaz de dizer. Já contei, em outra ocasião, que foi o som da sua voz num duplo eco de uma fita cassete (era uma gravação...) e do telefone (por meio do qual me faziam ouvir essa gravação) que tomou conta dos meus sentidos. Por outro lado, não conservei dele uma imagem que tivesse um lugar na minha memória, como tem sua epifania na minha vida. Fato curioso, pois sou uma pessoa dotada de excelente memória visual, mas não tenho bom ouvido. Talvez seja exatamente por esse ouvido não ser muito treinado que consegui destacar uma das raras vezes em que ele foi sensível, enquanto minha visão é muito solicitada e percebe facilmente tantos detalhes, às vezes aparentemente sem discernimento, que me comparo a essas pessoas que enlouquecem porque não podem separar e organizar os sinais visuais que lhes chegam do mundo exterior. Então, minha primeira imagem de Jacques é uma *Gestalt*, sua presença é como uma massa escura, densa, indissociável de um espaço mais claro, branco, ou melhor, creme, exíguo, limitado na profundidade — disso eu me lembro perfeitamente — por uma prancha fixada na parede, que servia de plano de trabalho, e por uma porta que dava acesso às salas.

É preciso dizer que éramos obrigados a nos concentrar numa página de catálogo em que havia um texto dele no qual tínhamos que corrigir à mão um erro de impressão. Trabalhamos durante várias horas, sentados lado a lado naquele lugar estreito. Revejo a página, o texto impresso em caracteres que imitavam os de uma máquina de escrever. Revejo também, na casa do amigo aonde ele me levou para jantar, depois daquela cansativa tarefa, a cama que servia de sofá e onde a noite se prolongava; posso até me lembrar do rosto de um ou dois outros convidados. Mas o que distingue Jacques naquele momento continua sendo não a sua imagem, mas aquele gesto discreto que ele fez, aquele leve roçar do dorso do seu indicador no meu pulso. As circunstâncias dessa lembrança me permitem constatar um fenômeno que observei nos momentos de mobilização do prazer carnal: meu olhar parece mais interessado no que está em volta do que no próprio objeto do meu desejo. De fato, é um reflexo que todos em sociedade têm para disfarçar, e que acrescenta ao prazer do contato o da dissimulação: mergulhamos intensamente o olhar no olhar do interlocutor da direita para esconder melhor que o vizinho da esquerda nos acaricia a coxa sob a mesa. Mas não será também porque o estímulo de um sentido nos torna generosos e porque, na referida situação, enquanto minha pele experimentava a mão de um homem cuja doçura eu não conhecia, da qual não iria conhecer nenhum equivalente, meus olhos podiam perfeitamente se dirigir com curiosidade para seus amigos?

A imagem vai lentamente aparecendo no fundo do tanque de revelação das lembranças. Lembro-me sem hesitação da posição dos nossos corpos, no dia seguinte, na cama dele, enquanto uma exposição superficial de nossas pessoas sociais, como acontece com frequência nessas ocasiões, ia tomando o lugar da exposição precipitada de nossas pessoas físicas. Ainda sou capaz de avaliar o nível da claridade do dia no quarto, durante essa troca, e só nas lembranças mais tardias é que vejo sua silhueta se definir e se desenharem os traços do seu rosto.

Significativamente, nessas lembranças que remetem a uma época na qual nossa relação já estava estabelecida, regular, essa imagem não é uma visão focalizada, que poderia ser o desenho do seu rosto com a expressão de seus olhos ou de sua boca, mas, primeiramente, um plano geral: por exemplo, eu o vejo estacionando a moto na calçada em frente e observo, enquanto ele atravessa a rua, seu corpo que se destaca da massa oscilante dos outros transeuntes e se aproxima da calçada do café onde um grupo do qual faço parte está esperando por ele. Parece que é nesse momento que reparo no retângulo muito levemente alongado, bastante regular, da cabeça, que é ainda mais acentuado pelo corte bem curto dos cabelos e pelas discretas entradas. A essa geometria faz eco o tórax quadrado — os ombros, a cintura e os quadris parecem ter quase a mesma medida — acentuado pela camisa larga. Ou seja, para que seus traços se inscrevessem em mim foi preciso algum tempo e certo recuo, no sentido próprio, como fazem os pintores que trabalham à moda antiga e recuam alguns passos para apreciar melhor o tema do seu trabalho, nas suas relações de proporção com o ambiente e nos seus efeitos de contraste.

Não foi, portanto, como se um raio laser no lugar dos meus olhos transpassasse a névoa do mundo e imediatamente recortasse a figura de Jacques Henric. Por mais que tivesse conservado da minha infância o hábito de sonhar acordada, minha imaginação conhecia seu limite e jamais teria criado uma imagem ideal de homem para que eu a projetasse nos traços de qualquer um que encontrasse. Eu tinha 24 anos; nasci no subúrbio parisiense, num ambiente sem muito potencial e do qual tinha saído aos 18 anos tendo como única bagagem minhas leituras; precisava, então, ampliar o real e estava excitada com a descoberta de novos ambientes sociais, enquanto outros, no mesmo instante, partiam com a mochila nas costas pelas estradas. Os mochileiros não colocaram logo as mochilas no chão. Da mesma forma, foi preciso que meu olho "fotografasse" bem os grupos, antes que nascesse o desejo de fazer um traço em volta de uma das cabeças que faziam parte deles. As fórmulas românticas não eram para mim; continuam não sendo e não direi nunca que reconheci Jacques entre mil pessoas; não, pelo contrário, foi preciso conhecer mil para saber que com ele se tratava de uma relação ancorada num sentimento de natureza e perenidade incomparáveis a outros. Assim como fazemos diante de um quadro que esconde uma anamorfose e que, à primeira vista, parece banal, apenas intrigante, buscando o ponto de vista exato a partir do qual faremos emergir, a partir de vários elementos dispersos, e graças às leis óticas, um objeto coerente que nos encantará, eu tinha primeiro que estabelecer minhas referências na vida para, depois de pegar aqui e ali diferentes visões de um homem, em circunstâncias que não o caracterizavam de modo específico, reuni-las e ver se desenhar na minha estrada o perfil daquele que me impressionaria como nenhum outro.

Da parte de Jacques, houve aquele gesto, tão pouco significativo, da leve carícia de seu dedo dobrado. Da minha parte, não me lembro de nenhum momento em particular. Depois do jantar, fomos à casa dele. Será que ele teve que ser mais explícito para que eu me sentisse convidada? Não tenho certeza. Era assim que eu vivia naquela época. Não guardei nenhuma lembrança do trajeto entre a casa do amigo em comum e o pequeno apartamento no qual Jacques morava. Por acaso os viajantes se interessam sempre pelo meio do seu percurso? Nesse meu projeto de relembrar, nestas primeiras páginas, as condições do meu encontro com o homem com o qual compartilho minha vida, o ponto de partida da viagem, muito distante, é que me vem à memória. O começo vivo do movimento do qual o fato de acompanhar Jacques naquela noite é a onda longínqua: uma corrida através de um jardim, cujas circunstâncias foram as seguintes.

    Eu era adolescente. Como disse, gostava de ler, mas era muito má aluna em matemática e me obrigavam a ter aulas particulares na casa de uma colega que tinha as mesmas dificuldades. Acontece que o rapaz que nos dava essas aulas escrevia poemas e havia até mesmo fundado, com um grupo de amigos, uma pequena revista. Quando chegou o dia da última aula, despedimo-nos na porta da casa onde morava a família da minha amiga. Desconfio que minha memória tenha exagerado o tempo que ele levou para seguir pela alameda do jardim até o portão, pois ainda hoje me parece que foi aí que vivenciei o primeiro grande dilema da minha vida. Um dilema dilata o tempo. É uma tortura que demora a desencavar da consciência argumentos contraditórios, examiná-los e voltar a uns e a outros para reforçá-los. Pela primeira vez, eu estava a ponto de dizer a alguém que compreenderia o significado vital disso que eu também escrevia; o sopro dessas palavras subia em mim e sua liberação tornava-se tão necessária quanto se, pelo contrário, eu tivesse que recomeçar imperiosamente a respirar, depois de muito tempo em apneia. Eu era crédula, estava convencida de que um destino se realiza, como eu tinha lido, e como tinham talvez me ensinado, no encontro fortuito porém decisivo com alguém mais velho, numa palavra pronunciada por ele que seria profética; eu tinha na cabeça esse tipo de narrativa mítica da qual, muito mais tarde, a obra erudita e deliciosa de Ernst Kris e Otto Kurz *Lenda, mito e magia na imagem do artista* me mostraria os elementos retóricos e sua recorrência através da história... Ao mesmo tempo, uma vergonha púbere me continha. Eu iria parecer ridícula aos olhos do rapaz e de minha amiga. Eles pensariam que eu havia imaginado esse estratagema para manter contato com ele: além de ser bom em matemática e poeta, ele era bonito. Segundo os preconceitos, julgariam que eu estava mais animada pelo desejo de sair com ele do que pelo amor à literatura. Ou, pior ainda, me tomariam por uma estudante apaixonada que acha chique se manifestar por meio de versos. É claro que eu sabia que esse meu interesse vinha de bem antes de conhecê-lo, e que o que eu escrevia não tinha ligação com sua pessoa, e sim provavelmente já existia em mim uma espécie de lucidez subliminar (aquela que surge muito cedo em quem deseja escrever — que antecede talvez esse tipo de desejo —, para que a pessoa aprenda a se colocar numa postura de testemunha, inclusive de si mesma) através da qual eu sentia que essa desconfiança também não era completamente infundada. Minha vontade de encontrar nos livros e nas obras de arte o acesso a um modo de vida que não era aquele oferecido pelas condições do meu meio familiar estava bem inculcada, mas uma clarividência nascente já me indicava o ponto no qual a sedução exercida pelo professor de matemática a corrompia insensivelmente. Pelo menos essa era a minha interpretação, naquela idade em que é importante ser fiel à pureza de suas aspirações.

Mas essa é também a idade na qual ainda sonhamos com o futuro, sonhamos a partir das oportunidades milagrosas que nosso imaginário reserva para ele, quando a vida ainda não teve tempo de nos ensinar que podemos orientá-lo em ocasiões menos perfeitas, porém mais numerosas e mais diversas. Eu não acreditava que uma ocasião tão extraordinária pudesse se apresentar outra vez. Quando ele colocou a mão na maçaneta da porta de ferro, eu o chamei e corri até ele.

Tudo aconteceu como eu imaginara. Perguntei se podia revê-lo para lhe dar algumas coisas para ler. Ele marcou um encontro. Parecia atento e não manifestou surpresa. Tomei isso como uma leve impaciência, como se ele tivesse duvidado antes da minha atitude e, de maneira benevolente, estivesse me recriminando por tê-lo feito perder um pouco do seu tempo com a minha hesitação. Voltei até onde estava minha amiga, que também não manifestou surpresa, não fez nenhuma pergunta. Então, eu podia tomar, num curtíssimo lapso de tempo, à custa de um intenso debate interior, a decisão mais importante da minha vida, e ainda assim as pessoas à minha volta não ligavam para isso? Será que tinha passado despercebido? Ou teria sido porque sempre me ouviam bancando a interessante, apresentando ideias originais, absurdas, ou porque eu tinha a mania de enfeitar as histórias, e já haviam me colocado na categoria dos seres exóticos, nessa espécie de antessala entre a sociedade familiar e a dos artistas? Essa ausência de reação me deixou intrigada. Ela veio alimentar meu questionamento sobre o papel que eu desempenharia na sociedade e que eu tentava vagamente esboçar, e o olhar que os outros teriam sobre ele.

Algumas pessoas que escrevem obras de ficção ou de reflexão talvez tenham sido levadas a esse trabalho por puro amor pelos livros. Não é o meu caso. Em mim, esse amor nunca foi absoluto. Está misturado com o desejo de viver num mundo diferente do meio de origem que alimentou meu organismo, e cuja única extensão poderia ser medida pelo tamanho da mesa dobrável da sala de jantar, aberta para minha primeira comunhão e para a do meu irmão, e também por ocasião de algumas reuniões de fim de ano, e de alguns aniversários — tendo em volta as conversas adaptadas ao evento. Eu não zombaria desse clichê: o poder de evasão da literatura. A rua Philippe-de-Metz, em Bois-Colombes, onde nasci, onde passei minha infância e minha adolescência, tem a estranha configuração de uma fortaleza retilínea, no meio de um subúrbio onde predominam as casas. Curta, estreita, ela é composta de altos e sólidos edifícios de tijolos, quase idênticos. Por sorte, o segundo apartamento em que moramos ficava no sétimo e último andar, e eu lia perto de uma janela que dava para uma área sem nenhuma janela em frente. A fuga para outros territórios e outras épocas passa pela habilidade de adotar a mobilidade dos heróis e, às vezes, dos autores. O que eu captava dos meios artísticos e literários, no nível do meu sétimo andar, passava por *Lecture pour tous* e *Paris Match*,* e um dos modelos contemporâneos aos quais eu tinha acesso era Françoise Sagan, escritora jovem e famosa, que se parecia com seus personagens, conduzia carros esportivos, e que eu tinha visto um dia na televisão explicando, durante uma entrevista, como era possível, numa reunião mundana noturna, dissimular um bocejo bebendo um gole de uísque ou dando uma baforada no cigarro.

    Nunca saí com o poeta que, na verdade, dava aulas de matemática, porque era casado e pai de uma garotinha. Mas o revi algumas vezes: nos encontrávamos num café e, sempre com a mesma atenção

---

* Revistas populares de literatura e variedades. (N. da T.)

ligeiramente distante, ele lia o que eu lhe mostrava, dava pequenos conselhos, fazia comentários. Um dia em que teve outro compromisso, ou preferiu dar essa explicação, mandou um amigo para desculpá-lo. Talvez a segunda decisão importante da minha vida tenha sido aceitar o convite desse último, mas dessa vez ignorando as consequências. O amigo não era nem bonito nem poeta, mas era livre. Do grupo da revista de poesia que fazia parte, ele era o mais liberal em relação às obrigações universitárias e familiares, e tinha independência financeira. Era um rapaz empreendedor: seu papel no grupo era levar os exemplares às livrarias e recolher o dinheiro das vendas. Quando foi decidido que a atividade da revista seria ampliada com uma galeria de arte, Claude foi naturalmente designado como o mais disponível e o mais apto a cuidar disso. A revista parou de ser editada, mas a galeria foi se desenvolvendo. Foi lá que passei algumas horas corrigindo o catálogo em companhia de Jacques. Eu vivia com Claude havia quatro anos e meio.

O álbum de imagens da nossa memória se organiza segundo uma ordem, proporções e recorrências que muitas vezes nos surpreendem, e às vezes são ambíguas em relação à narrativa que construímos de nossa vida. A silhueta de Claude, do jeito que ela se apresentou ao meu olhar pela primeira vez, é claramente mais definida do que a de Jacques. Sua postura é um pouco empertigada, quase solene, e, apesar de vê-lo contra a luz, posso distinguir sua expressão enquanto ele se apresenta: "Você não me conhece, sou um amigo de Patrick que..." Seu olhar me percorre. Ele me vê sob uma luz forte, dourada, pois estamos na primavera, que entra por uma vidraça que ocupa toda a altura da parede ao lado da escada. Claude tem um carro e pode resolver, se tiver vontade, ir de noite até a costa. Foi numa dessas escapadas que perdi minha virgindade. Durante os primeiros anos que passamos juntos, Claude dirigiu muito: íamos até a Bienal de Veneza, a Documenta, em Cassel, a Prospect, em Düsseldorf. Havia exposições em toda a Europa: em Berlim, em Colônia, em Roma, em Turim, em Nápoles, íamos ver uma exposição na Wide White Space Gallery, em Anvers, ou na galeria de Konrad Fischer, em Düsseldorf. Em 1972, Claude abriu uma segunda galeria, em Milão, aonde eu o acompanhava quase sempre, porque colaborava com a revista *Flash Art,* cujo diretor era um daqueles amigos-amantes com os quais eu tinha ligações sólidas naquela época. Eu gostava de viver entre duas cidades como gostava de ir de um homem para o outro.

A terceira decisão foi um compromisso firmado por longo tempo, mesmo que num primeiro momento possa ter sido improvisado, ou semelhante a um desafio escolhido ao acaso. Como uma leve camada de resíduos trazida à superfície porque mexemos no fundo da água parada por muito tempo, foi uma palavrinha à toa, como aquela que pronunciamos sem pensar, mas que depois de superar muita inibição vem à tona, e que diz respeito a um detalhe prosaico e cotidiano, mas que vai decidir nossa vida. Fui viver com Claude antes de ter tido tempo de fazer meus exames de conclusão de curso. A autonomia moral que é conferida pelas primeiras relações sexuais e também as incursões num modo de vida no qual, eu estava descobrindo, o dia seguinte podia ser improvisado tinham me afastado, por contingência e simultaneamente, da disciplina familiar e escolar. É claro que minha mãe se mostrava preocupada com a maneira como eu ia ganhar a vida. Num dia em que fui à rua

Philippe-de-Metz para pegar um pote de plástico ou talvez algumas roupas limpas, respondi-lhe espontaneamente, sem nunca ter pensado nisso antes, apenas porque achei que isso podia momentaneamente satisfazê-la, que ia escrever artigos de arte para revistas. Ela fingiu acreditar. Eu sabia muito bem que isso não podia dar muito dinheiro, no entanto, e sem ter previsto, senti-me compromissada com essa resposta, empolgada com a minha audácia. Pela primeira vez, eu evocava minha vontade de escrever diante de alguém que não fossem os jovens idealistas que publicavam uma revista de poesia de circulação restrita, e iria até mesmo ultrapassar esse círculo restrito ao inscrever essa vontade numa perspectiva social: aquela seria minha profissão. Aquilo que deveria ser apenas uma palavra para tranquilizar uma mãe preocupada, e deixar a filha partir sossegada, louca para ir ao encontro do jovem amante, traduzia um desejo talvez tão forte quanto aquele que empurrava essa filha para seu amante, e que estivera escondido, porque era bem mais enigmático, mais difícil de explicar. Alguns anos antes, para me reconfortar, eu havia copiado uma frase de Balzac: "Nada forja mais um caráter do que uma dissimulação constante no seio da família." O que eu dissimulava então eram exatamente as cadernetas nas quais eu anotava citações, poemas de minha autoria, esboços de romances. A partir daquele momento, escrever não seria mais uma atividade secreta, quase vergonhosa, e sim assumida aos olhos de todos, e não apenas como normal, mas melhor ainda, como curiosa e original. Quando me perguntassem o que eu era, responderia: "Crítica de arte." Isso causaria surpresa e me deixariam em paz.

Quando a galeria inaugurou, Claude foi à redação do semanário dirigido por Aragon, *Les lettres françaises*, para se apresentar, e tornou-se amigo de alguns colaboradores, entre os quais Georges Boudaille, que editava as páginas de arte. Foi a ele que levei minha primeira resenha de uma exposição. Os editores-chefes gostam dos iniciantes a quem podem entregar os trabalhos menores que os outros jornalistas não querem mais fazer e que também procuram novos temas. E foi assim que me tornei, não apenas nas páginas de *Lettres françaises*, mas em inúmeras outras revistas que foram criadas na época, a especialista em arte conceitual, cujas especulações intelectuais combinavam comigo. Durante alguns anos, Claude partilhou comigo esse interesse, e o catálogo no qual foi preciso corrigir o erro, em companhia de Jacques, era o da primeira exposição de arte conceitual apresentada em Paris.

Certamente me faltava maturidade, no dia em que vivi dramaticamente minha hesitação antes de me dirigir ao sedutor professor poeta, para compreender que minha intuição tinha fundamento. Os caminhos tomados por nossas emoções interiores, paixões intelectuais e sexuais podem se tocar, e são permeáveis. Não é sempre que acontece, mas com frequência. Se eu pudesse então retroceder alguns anos, talvez tivesse percebido que meu imaginário já estava impregnado dessa mistura.

Durante as férias, minha mãe, que não dirigia, levava-nos quase sempre em excursões de ônibus. Durante uma delas, paramos, no fim do dia, numa dessas cidadezinhas pitorescas transformadas em cenários da vida de artista para os turistas que compram cerâmicas de gosto mais ou menos duvidoso. Entramos num café. No fundo da sala de teto abaulado, um grupo de jovens escutava um companheiro tocar violão; no grupo havia uma moça. Na minha inocência, pensei estar vendo a jovem livre e feliz que morava na cidadezinha e se preparava para passar a noite, a madrugada talvez, ouvindo música, cantando, entrando num espaço de tempo sem imposições, enquanto eu tinha que voltar para o meu lugar no ônibus. Enquanto os observava, tive um devaneio de que um deles me notava e, percebendo algum sinal no meu rosto adivinhava que eu era uma deles, por causa das minhas aspirações, e me convidava a ficar. Que esperanças alimentamos quando o círculo familiar não tem nem as relações sociais ou sequer a capacidade de imaginar os meios que possam ajudar a realizar uma ambição intelectual ou artística — simplesmente porque ninguém imagina que existam certas atividades, certas maneiras de ocupar a vida e muito menos de ganhá-la —, quando nós mesmos ainda não saímos suficientemente desse círculo para criar estratégias a serem seguidas, e quando ainda estamos longe de ter produzido o objeto que as justificaria? Sonhamos, esperamos o encontro extraordinário numa encruzilhada. No que me diz respeito, a cultura da qual eu tirava os modelos de minhas fabulações era romanesca. Não podia imaginar outra maneira de sair do meu subúrbio que não fosse passando pelo olhar providencial de um desconhecido encontrado no hall da estação de Saint-Lazare, que iria me despertar do sono da multidão. Era apenas uma intuição, mas não havia dúvida de que, sendo mulher, a salvação viria de um homem que certamente descobriria minhas aspirações e meus talentos (dos quais eu não duvidava!), mas que me identificaria primeiro pela minha fisionomia. De resto, os detalhes da aventura ainda me escapavam.

    Havia guardado para mim mesma meus pensamentos sobre aquele grupo, mas minha mãe deve ter percebido o meu interesse.

Quando saímos do café, ela comentou que a garota devia "dormir com todo mundo". Em várias ocasiões, durante minha infância, ouvi minha mãe chamar de "puta" uma atriz de cinema ou qualquer outra mulher que gostasse de aparecer e, todas as vezes, o que me chocava não era tanto a vulgaridade da palavra, mas sua irrupção, sem que ninguém tivesse pedido sua opinião sobre a mulher em questão, assim como o ódio com que ela pronunciava essa palavra. Naqueles momentos, minha mãe me envergonhava, como se ela mesma tivesse se comportado de maneira indecente.

Não havia lugar nos meus devaneios para o roteiro mais provável, aquele que efetivamente ocorreu, ou seja, que seríamos dois provenientes do mesmo subúrbio, descendo na estação de Saint-Lazare, ajudando um ao outro durante o trajeto, fazendo juntos nossa educação sentimental e profissional. Por outro lado, o que aconteceu de acordo com a trama da narrativa original foi a estreita conjunção da emancipação social — os meios que Claude e eu usávamos para pensar e trabalhar fora das convenções — e da liberdade sexual.

Claude e eu fazíamos sexo juntos, junto com outros, com outros cada um do seu lado. Uma vez iniciada essa prática, ela nunca foi regulada por nenhuma lei. Quero dizer que nunca fizemos nenhum acordo verbal, nem o fato de formarmos um casal tinha sido algo pensado. Nunca paramos para definir os atos individuais que essa situação excluía, nem mesmo depois de passar, às vezes de forma bem dolorosa, o que deve ter acontecido muito, por situações que não controlávamos, que não teríamos ousado chamar de proibidas, mas que eram, pelo menos, insuportáveis. Não me recordo de ter havido entre mim e Claude grandes declarações de amor, antes que eu tivesse ido morar com ele num pequeno apartamento onde havia duas cadeiras, mas nenhuma mesa, nem de termos discutido muito tempo sobre como eu iria contribuir para o aluguel. Do mesmo modo, nos anos seguintes, quando chegou a vez dos tapas e dos choros ruidosos, uma vez passado o incidente, nem esse incidente em si nem sua violência, às vezes extrema, eram objeto de comentário. Nem mesmo tenho certeza de que a palavra ciúme nos tenha vindo à cabeça.

Algumas situações eram intoleráveis, mas não eram as mesmas para um e para outro. Assim: Claude sabia que eu ia viajar e encontrar um amigo. Podia acontecer de eu voltar um dia mais tarde do que o previsto. Um sofrimento tomava então conta dele, inominável. Talvez ele já existisse antes do meu atraso e estivesse apenas esperando esse pretexto para se manifestar, ou talvez não. Quer a causa tenha sido uma resistência inconsciente à nossa liberdade, ou então um erro que eu teria de fato cometido com esse atraso, ou outra coisa qualquer, eu tinha traído um contrato cujos termos nunca tinham sido estabelecidos. A regra deveria ser a liberdade, mas nenhum acordo, nem explícito nem tácito, havia definido seus limites. Portanto, as razões do sofrimento de Claude nunca eram esclarecidas. Ele só sabia traduzi-lo atingindo minha pessoa física, friamente, de modo quase pensado; nunca vi seu rosto exprimir a cólera. Ele se concentrava — sobretudo, enquanto avaliava os tapas quase milimetricamente — naquilo que era talvez uma espécie de quadro de equivalência entre dores morais e corporais que ele consultava no seu interior. Outras vezes, porém, a mesma reação podia ter lugar em circunstâncias totalmente diferentes. A proibição que supostamente eu havia transgredido, dificilmente perceptível aos meus olhos, parecia então ser algo arbitrário da parte dele.

Afinal, essas cenas, nas quais havíamos proferido palavras ou feito gestos que para o outro seriam proibitivos, não tinham maiores consequências, como se tivessem sido bruscamente interrompidas, obedecendo à voz de um diretor que gritasse "corta!" — e nunca tinham influência sobre minha conduta posterior.

Quanto a mim, em pelo menos duas ocasiões vi Claude experimentar um violento desejo por outra mulher. As crises de choro e as recriminações que isso suscitou da minha parte nunca exprimiram o medo de que nossa relação estivesse ameaçada. Novamente, seu comportamento permanecia um mistério para mim, principalmente quando seu desejo era contrariado. Eu ficava surpresa em ver que ele se mostrava frágil, logo ele, que normalmente era tão seguro, e até mesmo sua dor se exprimia de modo paradoxal por um mutismo ainda maior. Espectadora incrédula, eu teria assistido da mesma maneira a um ritual de magia: não só desconhecia as regras, como também, de qualquer maneira, aquele espetáculo não era para mim. Quer o objeto do desejo de Claude fosse minha pessoa ou uma outra, eu também não estava apta a interpretar seu comportamento, e só via nele um desejo de posse, um desses sentimentos primários forjados durante a primeira infância, mas que podem durar por muito tempo, e que ainda marcam vários jovens adultos. Aliás, minha própria psicologia também era estruturada por esses sentimentos. Pois aquilo que eu mesma tentava comunicar nas crises de nervos, de histeria, durante as quais meu corpo era de fato um terreno maltratado por sentimentos que não encontravam sua justa expressão verbal, era uma frustração essencialmente narcisista.

Claude sempre se interessou por mulheres especialmente bonitas. Ora, a semiembriaguez da liberdade sexual tinha despertado em mim o sentimento de um potencial ilimitado do meu corpo. Eu tinha certeza de que podia explorar todos os seus recursos, em todos os tipos de situação, com tantos parceiros quantos se apresentassem. Se eu tivesse percebido que essa certeza não era evidente, talvez comparasse minha experiência à maneira de tocar de certos pianistas de *free jazz*, Cecil Taylor ou Sun Ra, que não se contentavam com a vibração das cordas, mas também faziam ressoar a madeira, associando-a a objetos inesperados, e apelavam para a participação do público... Este corpo podia ignorar os limites contra os quais se chocavam os outros componentes da minha pessoa. Provisoriamente, ele compensava minha timidez nas relações sociais e complementava um anseio intelectual ainda bastante vago. Sem nunca tê-lo formulado para mim mesma, claro, acho que eu acreditava numa espécie de poder desse corpo, e estava tomada por uma megalomania que só afetava o que eu pensava dele. A isso vinha se juntar o fato de que minha liberdade me projetava num espaço relativamente pouco frequentado pelas outras mulheres, principalmente da minha idade, e que com isso eu aproveitava a condição privilegiada das crianças que são o centro das atenções. Quando não pude deixar de reconhecer que em um dos seus aspectos esse corpo esbarrava num limite, ou seja, não sendo a mais bonita poderia ser preterida por outra — o que eu não era tola o suficiente para ignorar, mas uma mulher, principalmente jovem, tem mil recursos para disfarçar essa obviedade no ilusionismo do jogo da sedução —, tive que beijar a lona. Mordi os lençóis da cama na qual eu me jogava soluçando, e algumas respostas de Claude consistiam em me jogar no carpete.

Éramos um e outro de natureza pouco loquaz. E nossa inexperiência explica, em grande parte, a impossibilidade de dominar nossas pulsões, assim como decifrar nossos sentimentos. A liberação dos corpos e dos desejos era um processo essencialmente expansivo que não suportava nenhum obstáculo; o menor empecilho nos mergulhava num estado de estupor. No entanto, uma outra força nos sustentava em nossa muda determinação.

Não foi muito longa a transição, nem foram muito altas as barreiras que atravessamos ao passar do mundo da pequena burguesia do subúrbio, a oeste de Paris, para o mundo da arte, do bairro de Saint-Germain-des-Prés. Não foram necessários anos de estudo nem fazer exames, demonstrar conhecimentos ou dar garantias, apenas algumas predisposições: Claude para o espírito empreendedor e a perseverança, eu para o trabalho intelectual, e também para a mesma perseverança. No começo, não ganhávamos muito dinheiro, mas isso não era um obstáculo nem para realizar nossas atividades nem para encontrar as pessoas com as quais tínhamos vontade de exercê-las, mesmo que fossem reconhecidas personalidades. Ao final de alguns anos, tínhamos trocado o conjugado onde morávamos, na rua Bonaparte, por um grande apartamento burguês no bairro de Beaubourg. Depois, tivemos o apartamento de Milão. Não que tivéssemos ficado ricos, mas o fato de poder erguer os olhos para um teto bem alto acima da minha cabeça, ou ouvir meus passos ressoando no chão de mármore do saguão de um edifício, me deixava muito satisfeita. Eu não precisava de mais realidade, precisava apenas me apropriar dos signos encontrados nas revistas ou no cinema. A garotinha que sonhava debruçada sobre os livros ou diante da janela, e que não perdia um episódio das *Ilusões perdidas,* adaptadas numa novela para a televisão, podia acreditar, ao se tornar uma mulher, que tinha atravessado o umbral do palco com o qual sonhara sem maiores dificuldades do que se este tivesse a espessura de uma porta de papelão, depois de ter simplesmente aguardado, nos bastidores, aquilo que lhe pertencia. A infância e a adolescência formam um longo período de sonolência durante o qual aquilo que o pensamento elabora ainda não exerce verdadeira influência sobre a vida, pois os meios familiar e educacional freiam sua extensão; nossos gestos só se tornam efetivos depois que saímos desses casulos; quanto a mim, só precisei descolar as pálpebras. Da mesma forma, levar essa vida sem obstáculos num meio social que, na época, era um dos mais receptivos e menos conformistas parecia não tanto uma aquisição conseguida ao preço de muitos esforços, mas a pura emanação de nosso desejo. Esse sentimento foi reforçado em mim pelo fato de que eu também sabia me arranjar muito bem com aquilo que teriam sido minhas convicções religiosas até a adolescência.

Eu adorava os missais de bordas douradas, cujas páginas colavam umas nas outras como mechas de cabelo quando queríamos folheá-las e capas de couro macio nas quais o polegar deixava uma suave depressão. O que eu ganhara na minha Crisma tinha as páginas bem separadas, como um leque, por causa de todos os santinhos que eu colocara dentro dele, recolhidos nos batismos e nas primeiras comunhões, e ali Jesus se dirigia diretamente e com familiaridade àquela que o contemplava. Na formação do meu gosto pelos livros, esses tinham tido seu lugar entre os outros, da mesma forma como o catecismo tinha sido uma fonte de narrativas maravilhosas com as quais eu aprendera que, se tivéssemos fé, sólida e profunda

— a única dificuldade seria medir a sinceridade dela —, nossos desejos seriam incondicionalmente realizados, como num passe de mágica... Enquanto acreditei em Deus, nunca duvidei de que ele me reservasse uma missão. Eu tinha a vaga ideia, por exemplo, de uma grande ação reconciliadora. Como meus pais brigavam muito, cabia a mim a tarefa de restabelecer o amor entre eles e, além disso, de me dedicar aos outros para também conduzi-los pelos caminhos da solicitude e da compreensão; a partir daí, eu imaginava meu futuro num ambiente inteiramente pacificado. Mas essa vocação de santa era talvez apenas uma maneira entre outras de preparar uma vida de heroína, semelhante àquelas ilustradas pelas minhas leituras profanas.

Depois, a presença de Deus na minha vida esmaeceu. É provável que na minha cabeça a certeza de ter sido escolhida por Ele tenha preparado, prefigurado a fantasia acima evocada do olhar de um desconhecido capaz de distinguir, entre todos, aquele ou aquela cujo talento potencial lhe permitirá escapar de uma condição comum. Mais tarde, quando entrei, exatamente da mesma forma, na minha vida de mulher e na vida profissional, se não por obra do Espírito Santo ou por mágica, pelo menos sem que a realidade freasse meus sonhos, quando vi a distância, imensa aos meus olhos, entre o futuro que eu poderia ter tido se tivesse me tornado professora de história e geografia, ou de literatura, como queria minha mãe, que já teria considerado isso como um avanço em relação a sua própria situação, e esse meio onde eu estava não apenas em contato com os artistas, mas no qual reinava a liberdade de pensamento e de comportamento que parecia abrir perspectivas ilimitadas — por que não teria continuado a acreditar no meu destino?

Mesmo quando o ser humano não acredita ou deixa de acreditar que tem de obedecer à lei de Deus, se ele vê sua vida tornar-se idêntica ao destino impresso nas primeiras páginas do seu imaginário, não há mais motivos para questionar o caminho tomado por ele, muito menos para interpelar a vontade divina. Por maiores que tenham sido as dificuldades e os sofrimentos passados durante esses anos, nunca pensei em mudar de vida. As brigas com Claude — assim como a angústia ligada à execução das dívidas com o impressor da *Art Press*, a revista que havíamos fundado juntos — eram superadas com a resistência de um atleta de uma corrida de fundo, completamente concentrado na necessidade de manter o ritmo e chegar ao fim. Era com Claude que eu começava a realizar os sonhos que me embalavam desde que comecei a pensar, e não via então por que me separar dele enquanto esses sonhos se prolongassem na vida — e enquanto eu pudesse continuar sonhando.

Sonhando acordada

Comecei a folhear minha vida desde os primeiros anos partilhados com Claude. Levei para a existência ativa de adulta o método usado durante o período de espera da infância, que não havia me decepcionado, e adquiri o hábito de intercalar o desenrolar de meus dias com constantes e elaborados sonhos diurnos. Eles participam a tal ponto do meu equilíbrio que estou convencida, por exemplo, de que minha inaptidão para aprender a dirigir se deve a uma vontade instintiva de dedicar aos sonhos esses momentos tão perfeitamente apropriados que são os deslocamentos em transportes públicos. Passivo, cativo, o corpo fica tão perfeitamente abandonado quanto durante o sono, enquanto reservamos à sua substituta, a inconsistente representação de nós mesmos, uma posição quase sempre melhor, mais bem controlada do que nos sonhos noturnos. Aliás, quem, ao sair de um pesadelo, nunca tentou prolongá-lo para poder corrigir a impressão nefasta, com o *happy end* de um devaneio consciente ou semi-inconsciente? Todos aqueles que compartilham comigo essa tendência sabem o prazer que tiramos das janelas abertas, na altura do metrô de superfície, e que nos mostram sem pudor flashes de intimidade das fachadas, com seu reverso secreto, ao longo das quais deslizamos quando atravessamos de carro uma cidadezinha do interior, das conversas entre nossos vizinhos no compartimento de um trem, nas quais nos intrometemos fingindo que estamos dormindo. Por mais breve que tenha sido a visão, por mais fragmentada que seja a percepção de nossos companheiros de viagem, uma minúscula porção de nós mesmos também é arrancada e, como essas câmeras de televisão indiscretas, que fingimos serem manipuladas por um operador invisível, continua penetrando no interior do apartamento parisiense, da casa do interior, da briga familiar no banco ao lado. O sonhador difrata sua vida. O mundo desenrola diante de seus olhos tantas imagens atraentes, ou perigosamente curiosas, que ele gostaria de refletir todas, e coloca-as em perspectiva, isto é, aprofunda-as e as enriquece. Uma teatralização espontânea faz com que, em alguns segundos, ele vá morar naquele apartamento, naquela casa, mesmo que eles sejam o extremo oposto de seu gosto. "Faço parte da vida dessa família", ele gosta de imaginar, percorrido por um arrepio, se a discussão entre essa última revela valores dos quais ele sempre fugiu. De certo modo, os pais de uma criança sonhadora têm razão em temer que mais tarde ela não tenha personalidade, porque o que se entende geralmente por isso é "personalidade única", e, de fato, o sonhador prefere ser várias pessoas, viver várias vidas, muitas das quais têm a mesma consistência e a perenidade de um grão de poeira que o vento deixou por acaso na entrada de uma casa. Por outro lado, estamos enganados ao acreditar que aquele que devaneia se afasta do mundo, pois quase sempre suas outras vidas o colocam, pelo contrário, em empatia com ele.

Certos devaneios, é natural, são eróticos, e mergulhei neles muito antes de saber em que consistiam exatamente os atos sexuais, quando eu ainda os associava apenas aos beijos na boca e às carícias nos seios. Aliás, é provável que minha natureza sonhadora combine com minha tendência à masturbação. Desde jovem, acompanho minhas sessões de masturbação com construções fantasiosas, a maioria delas longas e muito elaboradas. Elas são recorrentes e vão se tornando complexas e se ramificando ao longo do tempo, às vezes durante anos, como essas novelas que não acabam nunca e cujo roteiro é improvisado de acordo com a inspiração dos autores. Eu não saberia atingir o orgasmo sem elas. No entanto, os devaneios eróticos não estão todos ligados ao ato da masturbação.

Os protagonistas de meus filmes pornográficos mentais têm traços físicos e morais ao mesmo tempo estereotipados e compostos de elementos distintos, num registro amplo. Dentro de categorias — o dono ganancioso de bar ou de clube, o homem de negócios apressado, o bando de jovens desocupados, o estrangeiro que diz obscenidades numa língua que não compreendo, etc. —, vario as idades e os tipos físicos. Excepcionalmente, eles endossam a personalidade de homens reais que fazem parte do meu círculo ou com os quais cruzei por acaso, e nem mesmo se parecem com os astros de cinema que me faziam desmaiar quando eu era adolescente. Se há muitas analogias entre circunstâncias e ações que pude viver e aquelas que são elaboradas pela minha imaginação, se essas últimas prefiguraram surpreendentemente as primeiras ou nelas se inspiraram, por outro lado, nem meus parceiros na vida, nem meus amigos, nem simples conhecidos penetram nesses devaneios. Uma dessas fantasias masturbatórias é incestuosa. É facilmente compreensível que, nesse caso, o tabu seja suficientemente poderoso para que eu substitua a lembrança da figura de meu pai por um corpo bem diferente do dele e inconstante. De um modo geral, porém, chego ao ponto de não me permitir apelar para um desconhecido que eu tenha visto na rua. É claro que não posso compor meus personagens de outro modo que não seja a partir de traços de pessoas reais, colhidos aqui e ali, mas essas referências são negligenciáveis, ou dissimuladas, ou inconscientes. Não é possível nenhuma identificação com uma determinada pessoa. Mesmo quando senti, com toda a lucidez, um forte desejo por um homem, sem que esse desejo pudesse ser satisfeito a longo ou curto prazo, ou mesmo fosse possível, nem por isso compensei a frustração realizando-o na fantasia. A constatação é curiosa: o espaço dos meus devaneios é tão impermeável, tão radicalmente proibido a qualquer pessoa que tenha a meus olhos a mínima identidade que, embora eu pudesse acolher essa pessoa sem muita hesitação na intimidade da minha vida sexual real, se houvesse finalmente essa oportunidade, ela passaria a ser excluída dos meus devaneios eróticos. Posso fantasiar histórias nas quais me vejo na companhia desse homem; tenho um encontro com ele, invento nossa conversa, mas a fabulação para por aí, antes das palavras e dos gestos de luxúria. Sou incapaz de erguer dessa maneira o obstáculo ou a proibição que o real me impõe e ter prazer nessa transgressão mental. Para partir com toda a liberdade, minhas fantasias sexuais têm que soltar as amarras, e é bem provável que o terrível capitão a quem entrego o leme nesse momento não gostasse de ver surgir, num ínfimo sobressalto de consciência, no meio da tripulação, uma figura conhecida que lhe lembrasse as leis da terra firme.

Muitos encontros ao longo da minha vida amorosa e sexual tiveram um tratamento semelhante a essa maneira de folhear a vida e o sonho. Talvez seja exatamente porque blocos de sonhos se intercalam entre as camadas da vida que eles sedimentam, mas não se confundem com elas, que a própria vida acaba se constituindo como uma estrutura laminada. Tive a sorte de ter minha vida logo sustentada por um eixo sólido, fornecido de um lado pelo meu trabalho, principalmente na *Art Press*, cujos objetivos sempre foram claros para mim, e reforçado, de outro lado, pela vida em casal com Claude, que, pelo fato de que nós éramos, de certa forma, solidários no nosso começo de vida social, e também porque ela não era um entrave para a nossa liberdade sexual, não tinha por que ser questionada. Então, durante anos, paralelamente a esse eixo, vivi partes de diversas outras vidas, entre as quais algumas correspondiam a relações longas e profundas. Escrevo "vidas" e não "aventuras" porque um ritmo, regras, ritos específicos caracterizaram cada uma dessas relações. Elas representaram várias oportunidades de me transportar para outros palcos, de explorar, como fazem as atrizes, diferentes modulações: eu era boêmia, vadia ou burguesa, de acordo com o nível que frequentava — e que me era atribuído —, com os amigos que cada um me apresentava, com os restaurantes aonde me levavam para jantar, com as atividades e o trabalho para os quais nos encontrávamos. Ignorando muitas contingências, assim como na maioria dos relacionamentos para os quais os parceiros só reservam uma parte do seu tempo, como nos breves adultérios, essas vidas paralelas tinham para mim um charme próximo ao dos devaneios; tinham uma textura intermediária: davam consistência às imagens mentais sem a aspereza do real corriqueiro. Foi assim que visitei países, frequentei certos ambientes, encontrei personagens, ou ainda dormi em casas, usei vestidos, aproveitei certas facilidades das quais meus sonhos podiam me dar uma ideia vaga, e pouco me importava que todas essas vantagens não correspondessem nem a um modo nem a um estilo de vida permanente. Aliás, sempre fui bem indiferente às marcas sociais, e não é porque eu havia provado os legumes do Moulin de Mougins* que deixaria de comer com apetite o primeiro cuscuz que aparecesse, nem seria por ter participado de uma orgia no sétimo distrito parisiense que eu não me sentiria à vontade numa festa de casamento num vilarejo no interior da Úmbria. O sonhador só contabiliza bens imateriais e só atribui uma relativa importância ao fato de que um objeto de seus sonhos, que por sorte tenha se concretizado, volte ao estado imaterial como lembrança. De qualquer maneira, ele não duvida da reversibilidade do processo.

Tive uma relação bem estreita com Jacques durante mais de seis anos, ao mesmo tempo em que vivia com Claude, depois deixei Claude e fui morar, primeiro, com uma amiga que me acolheu, em seguida sozinha durante mais ou menos três anos, e finalmente com Jacques, com quem estou até hoje. E foi preciso ainda que os conflitos recorrentes entre mim e Claude tivessem se voltado para a maneira de conduzir o futuro da *Art Press* para que, um dia, eu decidisse tirar definitivamente algumas roupas do armário do nosso quarto. Para conseguir manter nossa determinação quando resolvemos, bruscamente, pegar um caminho sem visibilidade, somos provavelmente protegidos por uma espécie de anestesia, pois posso rever as roupas espalhadas sobre a cama, como durante a preparação de uma viagem, mas não consigo me lembrar dos sentimentos que tomaram conta de mim naquele momento.

* Luxuoso restaurante da Côte d'Azur, próximo a Cannes. (N. da T.)

Teria sido a leitura precoce dos grandes romances do século XIX, fazendo a oportuna correção dos livros que embalam as meninas — na esperança do príncipe encantado — e das histórias de amor em capítulos, nas revistas compradas por minha mãe, teriam sido esses romances que me transportaram para uma sociedade que, afinal, não associava o amor e o casamento mais do que faziam certas sociedades antigas, ou certos povos longínquos descritos pelos etnólogos, com os quais fingimos erradamente estar surpresos, como se seus valores se opusessem aos nossos? Será que a minha natureza era simples, quem sabe até primária? Acontece que essas necessidades especiais experimentadas pelos seres humanos, como fugir da solidão, conhecer sem culpa nem vergonha a volúpia e também ultrapassar seu próprio prazer na capacidade de amar um outro diferente de si mesmo, não me pareceram, no primeiro momento, destinadas a combinar. Eu não esperava satisfazê-las com um único parceiro, não buscava isso, não sonhava com isso. Nada era secreto nessa era libertária, mas raramente aconteceu, é preciso que se diga, que pessoas próximas fizessem perguntas sobre meus arranjos, ou se surpreendessem que estes fossem aceitos por todos os meus parceiros, em particular por Claude, com quem eu vivia, e por Jacques, que era solteiro. Eu não teria resposta, porque não podia me fazer a pergunta. Minhas vidas paralelas não eram secretas, mas, por outro lado, eram de certo modo separadas. Atravessei barreiras virtuais que eu mesma erguera, como Fantômas* atravessava as paredes das casas, como um herói de ficção científica atravessa a barreira do tempo: se eu transportava comigo elementos de um mundo que po-

---

* Personagem de uma série de romances. (N. da T.)

dia ser narrado em outro, aqueles com quem eu mantinha relações não tinham que conhecer esses outros mundos de onde eu vinha, e menos ainda me fazer lembrar deles se eu não quisesse. Não podia conceber isso. Na verdade, com certeza era eu que, inocentemente, não queria enxergar. Por isso, essas outras vidas eram, de certa forma, vidas sonhadas.

Eu também não espiava por cima do muro do jardim onde meus amigos tinham, eles mesmos, outras parcelas da sua vida amorosa. Já disse como foi que o ciúme surgiu nas minhas relações com Claude. Foi a única vez. Eu sabia que meus amigos encontravam outras mulheres, tinham eles mesmos outros relacionamentos, alguns uma esposa. Conhecia algumas delas, com as quais tinha um contato amigável e eventualmente uma relação sexual, num quadro de libertinagem. Nunca experimentei nenhum sentimento particular por nenhuma. De todas as relações que estabeleci ao longo da vida, essas foram mesmo as mais isentas de afeto, da ordem daquele conforto moral que sinto algumas vezes quando sou levada a participar de uma conversa sobre um tema que me é indiferente. Acho que eu tinha, por antecipação, neutralizado a existência dessas relações. Não que elas não tivessem identidade, mas evocá-las só me trazia figuras de segundo plano que se limitavam a cruzar o palco. Pois eu traçava o perímetro desse palco e dispunha os atores como me convinha e, por mais que eu soubesse que meu amigo era casado, ou muito ligado a uma outra amante, por um efeito de aberração, toda a representação mental que eu fazia da minha relação com ele ocupava, ainda assim, o centro desse palco. Como nenhuma dessas relações era fundamental para mim, e eu certamente não tinha a sensação de que minha vida inteira dependia delas, nenhum dos outros casos mantidos pelo meu parceiro podia ser percebido como um obstáculo maior, que me relegasse aos bastidores. Se fosse preciso explicar, talvez não tivesse tido medo de afirmar que essa posição privilegiada, da qual eu estava sempre segura, se devia, de certa forma, à minha ubiquidade. Alegaria que me davam muita atenção porque sabiam que eu poderia escapar para outro lugar, que talvez já estivesse lá em pensamento. Aprendi que uma forma de egocentrismo deve menos, paradoxalmente, a uma focalização sobre o ser e à sua afirmação do que à sua dispersão, seu frenesi.

 Eu não lidava com homens muito mais reservados do que eu quanto à sua vida sexual. Jacques foi uma exceção. As alusões a outras mulheres da parte dele foram raras e discretas, e logo ficou subentendido que eu não me interessava em fazer perguntas. O contraste entre esse lado misterioso da minha vida e aqueles à minha volta, que se revelavam abertamente, tornou-se ainda mais sensível porque o sentimento que me ligava a Jacques tomara um caráter particular, que me levou a reações diferentes. Já nos primeiros anos da nossa relação, em três ou quatro ocasiões, manifestei ciúme. Esse ciúme não era como aquele que alimentara minhas crises com Claude. Embora os fatos sejam antigos, e a memória tenha trabalhado muito na sua seleção, tenho certeza de que, em momento algum, tive medo da rivalidade com outra mais bonita do que eu, ou com um melhor desempenho na arena sexual. O que me chocou foi a presença de uma intrusa: aquela que eu logo teria reduzido a uma silhueta se sua existência tivesse se imposto progressivamente ao longo das conversas, ou se eu tivesse cruzado com ela numa noite, de repente disputava o ar comigo com sua chegada inesperada. Senti-me naquela situação ridícula, mil vezes mais grave, que é a de responder a um sorriso ou a um beijo enviado de longe por um amigo, antes de perceber que o aceno era destinado a alguém que está atrás. É assim que descobrimos, simultaneamente, que não somos os únicos a ter uma ligação de amizade com ele, e que pode acontecer que ele não nos veja e precisemos nos afastar.

Um dia, de manhã cedo, estou sozinha no apartamento de Jacques, que saiu para trabalhar. Sentada à sua mesa, sob a luz forte da vidraça que a ilumina e me despoja, escrevo-lhe uma carta num estado de fúria erótica. O modo como acabo de compreender que Jacques recebe a visita regular de outra mulher nesse apartamento está hoje completamente esquecido. Mas ainda sei o que fiz para me apropriar outra vez do espaço e instalar nele minha imperiosa imagem. Algum tempo antes, Jacques havia queimado as mãos num acidente e passou várias semanas com os movimentos prejudicados pelas ataduras. Tínhamos então nos habituado a transar com ele deitado de costas e eu balançando o quadril em cima dele. Eu gostava dessa posição e também de sentir o contato um pouco áspero dos curativos nos meus quadris. A carta, na qual eu me comparava a uma torre Eiffel encaixada sobre seu corpo, reivindicava o privilégio dessa posição. A consciência de si pode demonstrar nesse momento de duplicidade, mesmo sem nos deixarmos enganar por certos traços de personalidade ou de comportamento ostentados com insistência, que permanecemos, no entanto, cegos para os sentimentos que eles querem rejeitar. Creio que fui desde cedo suficientemente lúcida para perceber que, se eu atribuía tal primazia ao ato sexual, é porque me servia dele da mesma forma que nos viciamos nos analgésicos, que não só mascaram a dor, mas também proporcionam uma certa euforia; mas eu não teria sido capaz de localizar essa dor. Desdobramento automático, efetuado com facilidade por quem tem o hábito de construir cenários: enquanto redijo a carta, fico excitada com minhas frases copulativas e, simultaneamente, me vejo representando meu papel de efígie da liberação sexual. Chego até a filosofar; nesse diálogo quase permanente com a instância fantasiosa que não para de se impor, explico que pouco importam os outros valores na vida desde que estejamos prontos, nesse campo, a ir até o fim de nossas fantasias. O olhar que lançamos sobre nós mesmos supõe obrigatoriamente uma distância. Ora, naquele instante, essa distância não era a da consciência crítica, que, ao recuar, se volta sobre uma parte de si mesma, julgando-a ou pelo menos a ironizando; era, pelo contrário, uma consciência projetiva, ressaltando uma espécie de manequim que ela mesma se esforçava em fabricar. Será que me faço compreender quando digo que eu assistia à fabricação desse manequim, o que é o oposto da sua desmontagem, mesmo que esta também mostre o caráter artificial daquela, e que, por causa disso, eu não podia escapar da atração desse artefato? Era preciso que a parte imersa da minha consciência se identificasse com uma figura conquistadora, uma Joana d'Arc marchando na direção da catedral de Reims ou erguendo-se, por que não, como a torre Eiffel, porque a outra parte, justamente a parte que eu não podia olhar, e da qual *a fortiori* não poderia falar antes de um certo tempo (porque o olhar interior, da mesma forma que o olhar orgânico, percebe muito antes que possamos formular), esbarrava nos móveis do minúsculo apartamento onde essa carta estava sendo escrita e a partir do qual toda esta construção mental estava sendo feita. De repente, era preciso arrumar ali lugar para três, e mais ainda: era preciso admitir ali o lado desconhecido daquele que até então me parecia ser a pessoa mais sincera, Jacques. Para responder à minha carta, ele não recorreu a metáforas. Perguntou-me se eu nunca tinha pensado em como ele teria conseguido realizar suas mil tarefas e gestos cotidianos durante o tempo em que não podia usar as mãos se eu só ficava algumas horas com ele.

Nas semanas que se seguiram à minha separação de Claude, quando eu estava na casa daquela amiga, um pequeno apartamento acolhedor, numa água-furtada, que poderia ter servido de cenário para duas heroínas emancipadas de Truffaut, recebi algumas mensagens mais insistentes de Jacques. Elas chegavam ao ritmo de uma ou duas por dia. Ou vinham pelo correio, ou eram depositadas diretamente na caixa de correspondência. Ainda hoje, abro minhas cartas, embora por razões profissionais elas sejam muitas, sempre com o mesmo sentimento de pura expectativa com o qual recebo presentes, mesmo os mais modestos. São sempre surpresas, porque, de forma um pouco pueril, atribuo ao objeto ou à mensagem desconhecidos a possibilidade de um número tão imensurável de coisas diferentes que esse potencial elimina tudo que eu poderia tentar adivinhar partindo apenas das minhas expectativas ou dos meus desejos. Infelizmente, um presente pode guardar por algum tempo seu potencial mágico, enquanto eu não renuncio a me servir desse objeto inútil, nem à esperança de aceitar um convite, embora sabendo que estou muito ocupada, enquanto um e outro permanecem como eventuais pulsações na organização da minha vida. Já a leitura dessas cartas de Jacques, que respondiam, simultaneamente pela urgência e pelo espaço de tempo, a um telefonema ou à nossa conversa durante o jantar da véspera, logo turvava meu espírito.

Eu as lia de uma só vez. Não as relia, ou o fazia raramente. Entretanto, guardei todas. Lia com sofreguidão. Meu olhar ziguezagueava pela página, eu me debatia entre palavras obscuras. Agia como se, tendo sido atacada no escuro, tentasse me segurar, procurando por todos os lados, ao acaso, uma mão, um apoio, um pedaço de roupa sem conseguir me escorar. Nesse período, eu achava que podia simplesmente começar a desfrutar de uma mobilidade ainda maior no exercício do meu nomadismo sexual, sem duvidar de que isso também significava mais tempo para ficar com Jacques. Mas ele me via como uma espécie de controlador pronto para organizar uma vasta rede, e me dizia que ele recusava as conexões. Uma das coisas que o aborreceram, por exemplo, foi a minha proposta de dividir um grande loft com um dos meus amiguinhos; ele era artista e poderia instalar seu ateliê numa parte, enquanto Jacques e eu moraríamos na outra. Jacques chamava de perversão as inocentes especulações daquela cujo real tinha até então mais ou menos poupado as fantasias.

Eu não associava o amor e o prazer sexual; também não considerava que o prazer fosse único e indivisível. Como eu tinha sempre mantido várias relações simultâneas, nunca tinha tido a preocupação de medir a intensidade do meu prazer no ato com cada um dos meus amigos, e se determinada maneira de fazer da qual eu gostava não era do agrado deles, nunca teria pensado em insistir para que aceitassem. Eu sabia muito bem que um certo prazer encontrado com um homem não seria forçosamente encontrado com outro, que, por outro lado, poderia me fazer descobrir ainda outro prazer. Ora, não há dúvida de que aquilo que parece à primeira vista oferecer um leque maior de possibilidades, mais rico de experiências, tenha, na realidade, contribuído para retardar a formação da minha personalidade libidinosa. Desse ponto de vista, demorei mais do que outras a me conhecer. Aquilo que chamei de folhear minha vida teve como corolário revelar várias facetas da minha libido. Durante muito tempo, por gentileza, preocupação em agradar, curiosidade e outras razões que não tinham apenas a ver com a busca do prazer, respondi muito ao desejo dos meus parceiros e satisfiz o meu ao sabor do acaso. Passando de corpo em corpo, e de um universo erótico para o outro, minha pessoa sexual se modelava de várias maneiras, eu cultivava minhas reações. Quando o gosto de meu parceiro por uma posição, uma prática, um jogo específico encontrava em mim uma resposta, eu me dedicava a exacerbá-la — assim como também podia muito bem esquecê-la com um outro. Essa é, creio eu, uma faculdade que divido com muitas mulheres que compensam sua tradicional falta de iniciativa com uma disponibilidade maior, quase experimental, de seu corpo. A diferença é que troquei de parceiro com mais frequência do que outras. E, guardadas as devidas proporções, ao contrário de certos erotômanos cujos rituais de acesso ao prazer deixam tão pouco espaço para a improvisação quanto as regras da vida monástica, eu, por outro lado tão constante com meu par, minhas amizades, meus compromissos intelectuais, era sexualmente versátil.

Não saberia precisar de maneira muito exata o momento a partir do qual, para dizê-lo de modo conciso, meu corpo se dissociou do meu ser. A tomada de consciência mais clara foi por ocasião da escrita e da publicação de *A vida sexual de Catherine M.* O sucesso obtido pelo livro acentuou ainda mais o fenômeno. Toda escrita vem da objetivação e, nesse caso, tratava-se de trazer à luz o máximo de situações e de sensações eróticas experimentadas pelo meu corpo. O livro suscitou inúmeros comentários. Descrito e interpretado dessa maneira, o corpo de Catherine M. deixou definitivamente de me pertencer no nível pessoal. Mas antes mesmo de fazer o livro, para conceber o projeto e, muito antes, para registrar na minha memória as cenas que são narradas, foi preciso que meu olhar interior funcionasse de certo modo como um olhar exterior. Geralmente, esse suposto olhar exterior é intermediado; passa pelo olhar de um outro, esteja ele presente ou não. O circuito psicológico é extremamente curto, geralmente inconsciente, mas se estou "olhando" para mim mesma ali, deitada nua naquele quarto, não será porque estou imaginando aquilo que vê aquele que está me olhando, ou aquilo que ele veria se estivesse ao meu lado? Nesse caso, a imagem mental que tenho de meu corpo e a posição de meu corpo que me esforço talvez para adaptar a essa imagem já não são, em grande parte, os reflexos do imaginário de um outro? Quando criticamos alguém por seu narcisismo, zombamos geralmente do fato de que ele se acharia dotado de um corpo tão belo que teria o dever de preservá-lo como tal, ou pelo menos valorizá-lo. Essa é uma ideia grosseira. O Narciso solitário que só dispõe do seu próprio olhar e mergulha-o no próprio reflexo só existe na lenda. O narcisismo mais disseminado, do qual, me parece, faz parte o meu, é mais modesto e se submete facilmente ao princípio de realidade... Sei, como a maioria dos meus irmãos de egotismo, que meus atrativos são aleatórios e que a apreciação da minha aparência depende muito do ponto de vista a partir do qual essa aparência é avaliada. Ora, o ponto de vista, os pontos de vista são dados pelos outros.

O fato de que eu considero minha pessoa física como uma espécie de compromisso entre o ideal que inevitavelmente forjei durante a infância e principalmente na adolescência, o fantoche muito mais inconsistente que o sucedeu nos meus devaneios de adulta e o *patchwork* composto a partir dos reflexos nos espelhos, no olhar dos outros e nas fotografias, deve ter favorecido minha grande adaptabilidade nas relações sexuais. Essa adaptabilidade, por outro lado, acentuava a disparidade da imagem. A convicção nunca explicitada, no entanto bastante nítida, de ter um corpo flutuante distinto do eu profundo, desse eu que pensamos, talvez de forma abusiva — mas no qual precisamos nos apoiar —, deter a verdade do nosso ser, e a versatilidade que demonstrei, durante as primeiras décadas da minha vida sexual, reforçaram-se uma na outra. Para tentar ser mais precisa, diria que me sinto como se tivesse dois corpos. Um é o corpo onde moro, ou melhor, aquele que transporto, como um molusco na sua concha, sem nunca ter sabido corretamente apreciar seu lugar no espaço (não sei dirigir, não sei nadar; tenho medo de descer uma escada no escuro, vivo torcendo os pés), e cujas necessidades e vontades devo satisfazer da melhor maneira possível, aliviar seus incômodos e suas dores. Seu cheiro me surpreende, se antes de adormecer enfio a cabeça no braço, assim como ao tocar em certas partes que não sejam aquelas para onde levam os gestos maquinais, como o interior das coxas, a dobra sob a bunda, que parecem pertencer a outra pessoa. Esse corpo é uma massa relativamente incômoda que só consigo estimar de verdade quando ele se retira: a marca afundada no lençol amarrotado, o lugar que deixo vazio e para o qual me viro, sob um pretexto qualquer — pena de deixá-lo, medo de ter esquecido alguma coisa. Eu me pergunto, aliás, se o momento de retomada da consciência e a impressão de plenitude sentida depois da breve ausência de si mesmo, que é o orgasmo, também não pertencem a esse registro. Quanto à retirada definitiva, aquela que não poderei constatar, posso, no entanto, fazer uma ideia aproximada dela quando, por exemplo, visito um lugar onde morei e ao qual não voltava havia muito tempo. A atualidade com a qual se impõe nesse espaço a lembrança do meu corpo ausente abafa qualquer outra sensação, como se eu já tivesse chegado ao espaço celeste e estivesse finalmente em condição de apreciar meu corpo na sua totalidade, a partir de um ponto de vista exterior a ele. Sou a depositária involuntária, mas responsável, desse corpo habitáculo.

O outro corpo é o corpo relacional, aquele que me põe em contato mais ou menos estreito com os outros e que veicula uma imagem de mim da qual, afinal, cada um dispõe ao seu modo. O corpo relacional me alivia do corpo habitáculo. Da mesma forma que este último possui um peso e pode me criar obrigações, assim também delego de bom grado aos outros o cuidado de moldar meu corpo relacional, no qual me importa pouco que eu "me" reconheça ou não. Diante da objetiva de um fotógrafo, sou um modelo comportado, tão dócil quanto no tempo em que minha mãe me obrigava a passar horas no cabeleireiro para fazer permanente nos cabelos ou a usar os vestidos malfeitos que ela mesma costurava na sua máquina. A altura e peso médios e uma fisionomia mutante fizeram com que eu ouvisse sobre mim os mais diversos comentários, alguns elogiosos, outros depreciativos: angulosa para um, um pouco gorda para outro, um rosto julgado sucessivamente afável, malicioso ou desagradável. Garanto que essa descamação virtual pode ser um real prazer. Cada um que me arranca uma pequena lasca me libera de uma parte da minha própria responsabilidade, o que acho bom, já que carrego o peso de um superego nos domínios moral e social. Na verdade, duas felicidades se reúnem: a de ter plena consciência de transcender meus limites físicos na apropriação que os outros fazem de mim e aquela de vê-los, nesse caso, ocupados com um cadáver, enquanto me deixam em paz com o resto e posso continuar, só para mim, meu filme interior. Inquilina do corpo habitáculo, repartidora liberal do corpo relacional, não me identifico nem com um nem com outro.

Essa é a razão pela qual nunca tive a impressão de que a junção desse corpo a um outro corpo, a outros corpos, valesse como um compromisso da minha pessoa. Quer o contato fosse acidental ou regular, era tão fácil dispor desse emissário de carne cuja função era me representar no mundo, e eu sabia que ele era tão destacável e tão móvel como deve ser, afinal, um bom diplomata, que não via que consequências isso podia ter. Eu também era incapaz de compreender as graves argumentações apresentadas por Jacques. Ele se desculpava por ter que usar a imponente palavra "paixão", que devia ser compreendida, ele dizia, no seu sentido "quase evangélico", que não combinava com as situações do "teatro de Feydeau"* para as quais ele me acusava de querer arrastá-lo. Para decifrar minhas idas e vindas no circuito sexual e a maneira como eu reivindicava o domínio nesse campo, suas cartas me comparavam à dama que, na Idade Média, mandava os cavaleiros se enfrentarem nos torneios. Elas citavam a psicanálise e as palavras "recusa da castração", "histeria", "perversão", e as longas citações de Lacan acabavam me mergu-

---

* Georges Feydeau (1862-1921), autor de comédias burlescas. (N. da T.)

lhando num estado de prostração. Por um lado, eu reconhecia que Jacques sabia mais do que eu nesse campo, mas, por outro, essas interpretações me pareciam desproporcionais em relação àquilo que eu havia considerado, até então, como a coisa mais fácil de viver — o resto era tão complicado! Eu me sentia na situação de uma atriz a quem pedissem que renunciasse à sua profissão, sob pretexto de ser suspeita dos crimes de Medeia ou de Lucrécia Borgia.

Será que me passou pela cabeça que Jacques pudesse não querer mais me ver? Será que tive medo, para preservar minha ligação com ele, de ter que mudar meu modo de vida? Para falar a verdade, acho que eu não era nem mesmo capaz de levar meu raciocínio até aí e, naquela ocasião, minha natureza dividida fez maravilhas.

Assim como eu me adaptava facilmente a todos os tipos de práticas sexuais e respeitava sempre a moral que cada um, mesmo o mais inveterado libertino, possuía nesse campo, o que não significava, é claro, que eu a adotasse, Jacques e eu aceitamos a regra de que nossa relação deveria ser preservada dessa prática sexual generalizada — prática se não física, pelo menos verbal, através da narrativa tão inocente quanto perversa que podemos fazer das aventuras — na qual eu vivera até então e da qual, pelo menos nos primeiros momentos em que nos conhecemos, ele participara muito pouco. A partir do momento em que decidimos morar juntos, essa aceitação iria trazer consequências para meu modo de vida. Não tenho lembrança de ter tomado uma decisão clara. Algumas partes de mim simplesmente se destacaram e se emanciparam daquela que assumia o compromisso ao lado de Jacques, e elas nunca pensaram em prestar contas umas às outras. Não estavam acostumadas a fazer isso. O próprio Jacques nunca me perguntou nada quando, espontaneamente, parei de contar a ele minhas aventuras.

Tenho a impressão de que Catherine M. nasceu naquela época. Ou seja, aquela que eu era ao lado de Jacques começou a observar aquela, ou aquelas, que eu era nas escapadas sexuais, de tal modo — ao mesmo tempo com distância e atenção — que isso acabou se tornando, depois de vários anos de anotações mentais involuntárias, a matéria de um livro. Quando tento lembrar qual era meu estado de consciência, não encontro melhor comparação do que com a percepção ao mesmo tempo aguda e irreal que temos quando, como se costuma dizer, voltamos a nós depois de um desmaio. Nesse instante, os objetos à altura do nosso olhar nos parecem enormes e estranhamente próximos, a voz da pessoa que fala ao nosso lado ressoa de maneira estranha e forte na nossa cabeça, e é através desses signos amplificados que conseguimos situar nosso próprio corpo para descobrir que ele está ocupando um lugar inusitado: o chão no qual caímos, ou o lugar para o qual fomos levados. Eu, que sempre desfrutei da liberdade sexual como se fosse uma faculdade inata, passei a registrar visões de mim mesma através de situações e de encontros que, pela primeira vez, me pareciam excêntricos.

Assim nossa vida pode se formar, não da maneira convencional, como uma estrada estreita que se estende na direção de um horizonte invisível, mas numa estratificação tão densa quanto a crosta terrestre e que, como esta, apresenta camadas permeáveis. Mesmo seguindo menos meus impulsos, continuei a manter certas relações, entre as quais algumas me levavam a encontros casuais que há muito tempo faziam parte da minha prática sexual. Porém, como não eram práticas partilhadas com Jacques (mas tinham sido com

Claude), progressivamente foram parecendo pertencer a uma camada de sedimentos muito distante da minha vida cotidiana, e tão estanque em relação a ela que parecia que eu participava delas quase como espeleóloga. Assim são os paradoxos com os quais nossa consciência se acostuma para que possamos viver nossas próprias contradições: enquanto certos sonhos impregnam tão bem nossa realidade que ficam incrustados nela como fatos acontecidos, nosso espírito, pelo contrário, nos faz experimentar certos momentos da vida presente como se tivessem sido a tal ponto destacados do nosso cotidiano que poderíamos facilmente acreditar que foram sonhados, ou que já pertencem ao passado, o que nos autoriza a não lhes dar maior importância do que se fossem de fato quimeras ou velhas lembranças.

Houve um período durante o qual tantas parcelas de vida atravessadas como se fossem sonhos e tantos devaneios se misturaram à trama da minha vida que o resultado foi uma espécie de tecido áspero de desenho incompreensível, no qual o relevo das fabulações provocava tantas emoções quanto os fatos reais. Foram os anos que se seguiram à morte de meu pai e, alguns meses depois, à de minha mãe, esta tendo sido particularmente dramática, pois desejada por ela, e violenta. Sem saber explicar por que, observei que pouco tempo depois desses dolorosos acontecimentos — o segundo mais do que qualquer outro —, e por um longo período, adquiri o hábito de me deixar levar por devaneios eróticos de um tipo que não costumava praticar. Até então, minhas fantasias sempre tinham tido como função acompanhar sessões de masturbação, e delas só participavam parceiros fabricados com peças variadas. Mas, naquele momento, eu imaginava pequenas cenas, sempre as mesmas, breves e banais, como diálogos ou olhares de aproximação, flertes, signos que, na vida e apesar da insignificância, provocavam em mim um prazer tão forte que era traduzido por um espasmo, mas que, naquelas circunstâncias, não eram suficientes para sustentar o ato onanístico. Será que eu demonstrava essa privação incomum porque dessa vez estava indo buscar o modelo de meus parceiros entre pessoas que tinham uma identidade, que faziam parte do meu círculo, ou que eu havia tido pelo menos a oportunidade de encontrar?

Também não sentia necessidade de transmutar esses sonhos em realidade. Nunca fui uma paqueradora. E o fato de sempre ter conduzido minha vida sexual sem me sentir travada tinha me tornado fatalista: se uma relação tivesse que dar certo, a ocasião se apresentaria sem que eu tivesse tido a impressão de influenciar o rumo das coisas. Senão, o fluxo do desejo ia embora, se fixar em outro lugar. Quatro ou cinco pessoas reais tiveram assim seu duplo, durante alguns anos, nas minhas fantasias; apenas uma delas teve, finalmente, um papel na realidade, mas a natureza dessa relação foi tal que, enquanto durou, ela continuou se desenvolvendo mais no meu imaginário do que na vida real. O homem era lunático, amante que sabia dosar delicadeza e brutalidade, e depois, sem razão clara, recusava qualquer contato, deixando até mesmo a porta fechada e o telefone mudo. Por causa talvez dessa obscura versatilidade, tentei pela primeira vez manobras de reaproximação longamente preparadas em pensamento. Hoje, eu teria muita dificuldade em estimar o tempo que dediquei a preencher esses intervalos com minhas fabulações, pois creio que as horas que passei elaborando estratégias para forçar o reatamento ou imaginando os detalhes dos reencontros me dariam medo.

Eu organizava meus dias de modo a arrumar tempo para esses devaneios, num transporte, numa espera que eu previa ser longa, no médico ou numa repartição pública, exatamente como teria organizado um encontro de verdade. Durante quanto tempo adormeci e acordei com o espírito ocupado em elaborar esses planos, desfrutando por antecipação os resultados positivos? Anos, talvez, pois às vezes constatava que conseguira ocupar com essas peripécias virtuais várias semanas e até vários meses de desaparecimento do sujeito de carne e osso. Ora, a força do desejo é tal, e os recursos da imaginação que a sustentam são tão consideráveis, que quatro ou cinco meses de uma espera alimentada dessa forma eram tão ricos, tão cheios de sentimentos variados, que era como se aquele que ocupava meu pensamento houvesse de fato compartilhado minha vida durante esse período. É por isso que quem espera muito tempo não desiste. Sem ser louco, sem confundir os sonhos com a realidade, sua obsessão oferece uma consistência que cria sólidas passarelas entre os acontecimentos realmente vividos, enquanto, com frequência, são os acontecimentos que, pela sua brevidade, ou pela decepção que causam, poderiam ter sido apenas sonhados. Que lugar ocupam na nossa afetividade duas horas de carinhos trocados numa escapulida em comparação aos dias prolongados pela antecipação cem vezes recomeçada desse momento? Aliás, não é a insuficiência dos fatos reais que exige como compensação que enriqueçamos nossos sonhos? Nessas condições, o tempo que passa, ou seja, a sucessão dos fatos que constituem a vida realmente vivida, longe de esgotar a espera e esconder sob seus próprios sedimentos as criações imaginárias, favorece, pelo contrário, sua proliferação, de modo que aquele que sonha acordado, tanto quanto aquele que está preso nos seus sonhos noturnos, não tem consciência do tempo. E não é, certamente, através de uma tomada de consciência do tempo que, um dia, ele sai do seu devaneio. Nem é um acontecimento que o sacode. Assim como o gatinho fica roçando nossa barriga durante longos minutos, aplicado e obstinado no seu prazer, e, de repente, sem que você tenha se mexido ou tenha havido um barulho, ele se ergue, se espreguiça e vai embora respondendo a um chamado inaudível para nós, assim também nosso desejo deixa seu objeto. Nenhum sinal nos preveniu desse abandono. Um dia, percebi que fazia muito tempo que eu não via aquele homem e que ele não aparecia nos meus devaneios. Foi somente então que tive a noção do tempo. Eu disse a mim mesma mais ou menos isso: "Seis meses sem pensar nele! Achei que não fosse possível!"

Os imaginativos ultrapassam muitos obstáculos nas suas frágeis embarcações voláteis até que uma tempestade bem real os faça naufragar. Enquanto os outros encontram obstáculos ou calculam a rota que permitirá contorná-los, eles acham diretamente o caminho que os levará ao sonho — e quando o sonho se acaba, o obstáculo talvez já esteja longe. Não precisando lutar, eles não desistem desses sonhos, não cedem nada dos seus desejos e conservam a credulidade da infância diante das suas visões. A partir do momento em que formei um casal com Jacques, adotei um comportamento geral mais tranquilo do que quando estava com Claude. Meu temperamento combinava mais facilmente com o dele, e para mim era melhor partilhar o modo de vida de um escritor e suas preocupações do que o de um *marchand*. Vinha se juntar a isso o fato de que a permissividade sexual se tornara, como já disse, um tema tabu entre nós; assim estava descartado o risco dos acessos de ciúme, como os que eu tivera esporadicamente com Claude. Esse ritmo de cruzeiro turístico que eu parecia ter alcançado foi percebido por outras pessoas. Tive demonstrações disso, por exemplo, durante um passeio na companhia de Claude — com quem as relações estavam pacificadas — e de uma amiga em comum. Havíamos atingido a idade em que a vida parece começar a se cristalizar, o que não significa que ela seja menos atravessada por acontecimentos e emoções, e sim que estamos talvez mais impacientes para impor nossa jovem experiência, e então imobilizamos tudo em análises e reflexões. Estávamos em Cassel, a caminho de Documenta, e íamos visitar a Gemäldegalerie, instalada no castelo que domina a cidade. Tínhamos resolvido passar pelos jardins suspensos, que subíamos lentamente por causa tanto do calor quanto da conversa. Se conservei na memória aquele momento agradável, mas relativamente insignificante, pois na verdade não sei mais a respeito de que assunto profundo girava nossa conversa, talvez seja porque a amiga exprimiu uma certa admiração diante daquilo que ela dizia ser meu amadurecimento. É possível que na presença de Claude, e na ausência de Jacques, que não participava da viagem, eu procurasse mostrar uma atitude particularmente serena. Entretanto, será que eu não precisava, nessa situação como em tantas outras, que alguém me designasse, me propusesse uma imagem com a qual eu pudesse me identificar? É verdade que com Jacques eu estava mais feliz do que nunca, mas a partir de qual mirante pessoal eu poderia contemplar essa imagem da felicidade? Para que eu pudesse com meus próprios meios ter essa visão de mim mesma que, dialeticamente, pois tentamos torná-la precisa e, em certos casos, aperfeiçoá-la, acaba se tornando o modelo ao qual nos adaptamos, teria sido necessário que eu dispusesse de distância. Eu não tinha essa distância.

Não que minha vida não se desenrolasse em diferentes contextos e em diferentes companhias, o que teria possibilitado, mudando de ponto de vista, esclarecer-me de maneira diferente. Além do mais, e como já tentei dizer, o fato de não partilhar com Jacques todas as peripécias da minha vida sexual tinha feito de mim uma observadora mais aguçada nesse campo. Entretanto, as amizades sexuais que eu cultivava paralelamente geravam mundos estanques, e eu teria achado inconveniente que alguém usasse o pretexto de uma para me interrogar sobre outras e, mais particularmente, sobre minha vida com Jacques. Talvez eu tivesse inventado um pouco mais de histórias do que outros, mas, ao me deixar enredar tão bem em cada uma, nunca pensava naquilo que se tramava, naquilo que eu tramava ao mesmo tempo fora delas. Do mesmo modo, eu não imaginava que os outros também pudessem ter suas histórias, em outro lugar.

O envelope escondido

Um dos primeiros textos escritos por Salvador Dalí para sustentar sua teoria da atividade paranoico-crítica, publicado na *Minotauro*,* intitula-se *Psicologia não euclidiana de uma fotografia*. Ao lado desse texto, ele reproduz a fotografia em questão: duas orgulhosas comerciantes e um homem menos destacado posam na porta da loja, ao lado da vitrine; apesar desse tema central "hipnótico", aquilo que atrai o olhar de Dalí, e para o qual ele chama nossa atenção, é um minúsculo carretel de linha, sem linha, jogado inexplicavelmente na beira da calçada. "Esse objeto exibicionista no meio de todos por causa da sua 'imperceptível existência', e que propicia por sua característica e sua natureza invisível uma irrupção súbita própria às 'aparições paranoicas', [exige] aos gritos uma interpretação."

Sem ser capaz, infelizmente, de colocar isso a serviço de uma arte tão admirável quanto a de Dalí, disponho de um certo dom de observação graças ao qual percebo, igualmente, coisas que escapam aos olhos dos outros. Aliás, é a luz que os escritos do pintor trazem para esse dom, e não apenas sua transposição para seus quadros,

---

* Revista artística e literária do surrealismo publicada por Dalí em 1933. (N. da T.)

que me havia incitado a trabalhar com sua obra. Situo-me facilmente numa cidade estrangeira, não tanto seguindo um mapa, mas registrando espontaneamente o detalhe de uma arquitetura ou de uma vitrine da esquina. Quando abro uma revista, identifico automaticamente quadros e outros objetos periféricos nas fotografias que nos mostram personalidades nas suas casas; decifro, sem fazer esforço, o título dos livros da estante diante da qual elas posaram. No metrô, não posso deixar de observar a beirada da bainha descosida da mulher que sobe a escada na minha frente. Um amigo, em cuja casa eu estava hospedada, divertia-se frequentemente com essa minha faculdade de dizer onde estava um objeto que ele procurava na sua própria casa; mesmo sem ser particularmente indiscreta, no máximo eu o havia ajudado a arrumar a louça num armário, meu olho havia pousado sobre esse objeto, para mim sem interesse, e sua imagem, imobilizada no seu ambiente, havia espontaneamente ficado registrada no meu cérebro. Notem bem que essa acuidade visual não depende da vontade da pessoa. Essa tem, portanto, razão ao se isentar, declarando que o objeto desaparecido, o detalhe insignificante, lhe "saltou aos olhos". Dalí diz muito bem, a respeito do carretel, que ele é "exibicionista". O observador não tinha dirigido seu olhar para ele, foi a coisa que o "atingiu" — ou seja, agrediu.

Explico imediatamente. A agressão só se dá, é claro, num terreno que seja propício para isso. Que traços psicológicos se alimentam da hiperatenção visual? Por ocasião de meu trabalho sobre Dalí, citei dois (um estudo mais aprofundado teria permitido, não resta dúvida, encontrar outros que se entrecruzariam). O primeiro, o mais evidente, é a curiosidade sexual. Ao se precipitar sobre o que é menos aparente, o olho descobre aquilo que está habitualmente escondido. Ora, vivemos numa sociedade na qual os órgãos genitais, seu entorno e suas atividades são aquilo que se deve deixar mais escondido. Levar o olhar inesperadamente para a colherzinha que o dono da casa deixou longe da sala de jantar é uma intrusão na intimidade deste, porque nos sentimos então muito próximos dos pensamentos profundos, secretos, nos quais ele estava absorto no momento da sua distração; da mesma forma, a bainha desfeita nos leva até um armário mal-arrumado que a proprietária não ousaria abrir diante de qualquer um. Isso pode provocar um certo constrangimento da nossa parte. Nesses casos, a colherzinha e a bainha desfeita são metáforas dos órgãos sexuais. Esse seria então o objetivo final, rejeitado ou sublimado, daquele que se entrega à compulsão radioscópica.

Eu chamaria a outra característica de indiferença à organização do mundo. Dalí usa a sua demonstração como pretexto para atacar a geometria euclidiana, que não apenas rege nossa representação do mundo através da perspectiva piramidal, como acabou também se impondo ao nosso modo de percepção, e até mesmo ao nosso modo de pensar. Para ser sensível ao que se passa nas margens e nos cantos, é preciso ter o espírito livre em relação aos sistemas hierárquicos, que atribuem a eles menos importância do que àquilo que está no centro ou no alto, sistemas que chamamos de ordem social, moral ou ainda estética. Por exemplo, diante da fotografia apresentada por Dalí, é preciso poder suspender o interesse pelo que ela diz de uma categoria de comerciantes do começo do século XX; é preciso preferir debruçar-se sobre um "lixo", como diz Dalí, caído na sarjeta, e deixar de lado as três estranhas figuras humanas. É também preciso ir além da beleza dos contrastes entre as zonas iluminadas e as zonas de sombra da imagem. Um olhar tão perfeitamente disponível que opera tão perfeita "redução" do real pertence a alguém que se desloca no mundo deixando-se guiar por uma curiosidade absolutamente desprovida de *a priori*. Alguém que recusa, de saída, as distinções entre interessante e desinteressante, entre nobre e ignóbil, entre bonito e feio. O mundo conserva aos olhos dele alguma coisa da unidade antes da queda. Fundamentalmente, ele é um amoral.

O espaço no qual eu e Jacques moramos em Paris se organiza em torno de um grande cômodo que, como nas casas rústicas, é o centro de diversas atividades. É ali que as visitas entram primeiro, deixam a bolsa e pegam o casaco; é ali que cozinhamos; é ali que comemos; uma estante ocupa a altura da parede do fundo. No centro, há uma grande mesa oval, e, como esse cômodo é uma encruzilhada, ela está sempre coberta de correspondência, pastas contendo artigos de jornal, catálogos e livros, revistas, jornais abertos que precisamos afastar ou retirar na hora das refeições. Foi em meio a essa confusão que, durante vários dias, percebi um envelope que reconheci imediatamente como sendo de um laboratório fotográfico. Estava ali, junto com outras cartas. Jacques tira muitas fotografias e demora a mandar revelá-las. Quando ele chega um dia com as fotos, é divertido tirá-las do envelope e procurar aquelas que exigem um esforço da minha memória para lembrar o lugar e as circunstâncias. Em várias ocasiões pensei em propor a Jacques que abrisse aquele envelope jogado e depois me distraí com outra coisa.

Retrospectivamente, podemos pensar que ele tinha tanta boa-fé, tanta confiança em mim, que ele mesmo me pediu para ir buscar qualquer coisa no seu escritório. Sobre a mesa, encontrei o envelope que ele havia deixado lá. Havia também uma caderneta de anotações.

Tenho quase certeza de que o envelope estava aberto e colocado sobre as fotos que ficavam em parte escondidas; por outro lado não sei mais dizer se a caderneta estava aberta ou fechada, embora tenha dito a Jacques que estava aberta, mas sabendo que a partir desse instante, nas minhas discussões com ele, mentira e verdade se alternaram de maneira tão firme e improvisada que minha memória é, às vezes, incapaz de separá-las. As fotos mostravam uma mulher jovem que, com uma câmera na mão, havia fotografado seu próprio reflexo num espelho; ela estava nua, sentada no chão, com as pernas abertas, e seu ventre era o de uma mulher grávida. Na última foto da série, a criança estava entre suas pernas. Reconheci uma amiga de Jacques com a qual eu cruzara algumas vezes. Que a caderneta estivesse aberta ou fechada, ela provavelmente não teria chamado minha atenção se as fotos fossem de outra natureza. Na última página redigida, Jacques falava de uma viagem que ele se preparava para fazer ao interior, e dizia a que ponto lamentava que Blandine — não era a amiga que estava nas fotos, era uma outra — não pudesse acompanhá-lo. "Como ela é bonita!", ele exclamava, antes de exprimir o desejo que sentia por ela.

Poucas vezes, eu achava ter percebido uma conivência sexual entre Jacques e uma mulher, quer isso tivesse se manifestado discretamente sob meus olhos, quer um fato menos importante ou uma terceira pessoa tivesse me chamado a atenção sobre isso. Mas a dúvida ou a preocupação que isso poderia ter suscitado em mim nunca perdurou. Jacques ocupava um lugar bem definido na minha vida, e havia tão pouca aspereza nas nossas relações que uma dúvida ou uma preocupação não teria como permanecer e se desenvolver. E nenhum desses motivos de preocupação me veio à memória quando vi o nu no espelho e li as palavras do desejo contrariado. Inconscientemente, evitei dizer a mim mesma: "Eis aqui a prova de uma suspeita que tive." Protelei a vinda desse tipo de sofrimento, que é ainda mais forte quando se descobre que as causas já existem há muito tempo e que nós as ignorávamos. Diz a regra que a intensidade desse sofrimento é proporcional ao tempo em que estivemos cegos. Creio poder dizer que não senti nada ao ver essas imagens e essas linhas; a imobilidade é a melhor defesa que o psiquismo pode usar quando um acontecimento nos ameaça com uma dor brutal.

Eu tinha na cabeça uma visão esquematizada que nenhuma crise havia até então me levado a reconsiderar: ao contrário do meu desregramento, Jacques tinha uma personalidade mais equilibrada e mais serena. Talvez essa visão viesse em parte das cartas que ele me escrevera, antes de vivermos juntos, e nas quais ele me prevenia contra os excessos da minha sexualidade libertária. Mas isso também estava relegado, esquecido; havia muitos anos eu não pensava mais nessas cartas, e certamente não poderia, naquele momento, opor o caráter íntegro que eu acreditava ter lido nelas à nota destoante das fotos e da caderneta íntima. Na época dos fatos que estou narrando, vivíamos juntos havia muitos anos, numa tal tranquilidade que nunca foi preciso retocar o retrato mental de Jacques que eu havia feito. Também nunca tinha tido razão para me perguntar se seu comportamento ou suas palavras poderiam ter outro sentido.

Voltei até ele sem nenhum sentimento, simplesmente esperando. E sobre essa espera, posso dizer que ela deu início, nos dias que se seguiram, ao turbilhão das primeiras perguntas lacrimosas que fiz, e que ela iria, durante meses, anos, asfixiar nossa relação. Entretanto, nunca fui capaz de formulá-las corretamente, pois gostaria que ele tivesse respondido, antes que eu abrisse a boca, antes mesmo que eu olhasse para ele.

Falei das fotos, mas não disse nada sobre a caderneta. Jacques se justificou dizendo que tinha uma relação paternal com a jovem. Ela insistira em lhe enviar aqueles testemunhos da sua gravidez. Ele achava curioso, embora nunca tivesse se interessado muito pela ideologia que envolve a mulher grávida — nesse ponto, eu acreditava nele sem dificuldade. Fui eu que sugeri, falando com seriedade, uma explicação. Como algum tempo antes ele havia publicado um romance cuja ilustração da capa era *A origem do mundo*, de Courbet, talvez ela estivesse querendo brincar de *A origem do mundo* diante do espelho. Alisei com a palma da mão a parte superior da mesa perto da qual nós estávamos sentados; estava refletindo.

Para desfazer o mal-estar, fomos jantar no Café de la Musique. Gosto desse lugar, que fica num ângulo improvável entre a avenida Jean-Jaurès, com seus edifícios banais, larga demais, solene demais à noite, quando o tráfego já diminuiu, a massa do Parc de la Villette e, ao longe, as poucas moradias espalhadas aqui e ali, os raros vestígios de luz, os fragmentos de música que chegam até nós trazidos ao acaso pelo vento. Gosto dele ainda mais desde aquela noite, durante a qual se produziu, naquela decoração cinzenta de uma elegância um pouco falsa, a desintegração daquela que, sonhadora ou ardilosa, inconsciente ou inocente, era, afinal, a feliz companheira de Jacques Henric. Não que esse restaurante me faça pensar, a partir de agora, e com nostalgia, em quem eu era antes daquela noite. De jeito nenhum. Trata-se do fato, talvez surpreendente, de que reavivar a própria impressão da perda é dissimuladamente agradável. Sinto uma certa complacência quando me lembro do deslocamento dos meus membros, que ameaçavam não mais responder ao comando do meu cérebro, quando tive que andar até o banheiro e empurrar a porta muito pesada, e do irreversível dilaceramento da minha consciência, durante todo o tempo da nossa conversa. Meticuloso modo de arrancar a mim mesma, análogo ao de um esparadrapo que não temos coragem de tirar de uma só vez, que vamos descolando progressivamente, deixando a cada centímetro de pele o tempo de experimentar a dor forte, mas breve, e seu decréscimo, gesto do qual acabamos tirando uma sensação que se aproxima do prazer. Todas as vezes que volto a esse lugar, desfruto da reativação da dor que senti, já faz agora alguns anos, mas também da observação de que seu enfraquecimento a mantém numa elevação onde é mais fácil suportá-la.

É rigorosamente impossível rever o desenrolar da nossa refeição e reconstituir o conteúdo da nossa conversa. Talvez eu já estivesse me esforçando em reconstituir o quebra-cabeça da nossa vida em comum, mas só o ato infeliz que acabava de sacudi-lo ocupava obsessivamente meu pensamento. Além do que eu já disse sobre a desintegração da minha pessoa, o que ficou de mais claro na minha memória foram um gesto de Jacques, que, desastrosamente, derrubou seu copo de vinho, que espirrou em mim, e o convite infeliz que ele me fez para irmos juntos, no dia seguinte, a um desfile de moda, apresentação de uma coleção de lingerie da qual Blandine participava como manequim. Eu continuava escondendo que havia lido a última página da caderneta.

Jacques foi fazer a tal viagem ao interior, e foi então que comecei a percorrer todas as cadernetas. Devo tê-las visto mil vezes, quando abria as gavetas da sua mesa para procurar um lápis ou uma folha de papel. Eu sabia o que eram, mas elas nunca haviam suscitado minha curiosidade. As mais recentes eram páginas de uma agenda Filofax numa capa de couro preto, as mais antigas — algumas datavam de um período anterior a nossa vida em comum — eram diferentes umas das outras, escolhidas talvez pela grossura e pela resistência, ou talvez porque tinham o charme dos velhos cadernos escolares. Havia uma de formato estranho, muito alongada como um velho livro de contabilidade. A letra era sempre fina, apertada, sem deixar margem. Durante um curto período, Jacques havia feito suas anotações no computador. Era mais fácil para mim: o nu no espelho era designado pela inicial L.; bastava dar uma busca para encontrar todas as vezes em que Jacques dizia ter ido encontrar a garota no ateliê do pintor do qual ela era assistente, quando ela estava sozinha. De um modo geral, esse diário era feito num estilo elíptico, eram poucas as passagens redigidas, no entanto eu descobria detalhes, como, por exemplo, que ele gostava de transar com L. sobre velhas cobertas jogadas de qualquer maneira no chão do ateliê. É claro que eu não lia seguidamente. Havia aperfeiçoado uma leitura superficial, ao meu jeito, que me permitia encontrar os nomes de mulher.

Da mesma forma, meu olhar aprendeu a detectar, num escaninho de estante cheio de cartas de todo tipo, os envelopes com letra feminina. Adquiri uma técnica de retirar as cartas em pequenos blocos, para poder recolocá-las mais facilmente, mexendo o menos possível na sua ordem. Eu pegava delicadamente um pacote na pilha e ficava imóvel. Concentrada, deixava o olhar percorrê-lo. Lentamente, ia examinando as letras nos cantos das cartas desencontradas da pilha. Quando achava ter encontrado uma letra promissora, ou já identificada, só então apoiava o pacote e puxava o envelope, a carta ou o cartão-postal, não sem antes ter calculado de quantos centímetros, ou milímetros, ela saía da pilha, e ainda a orientação do seu ângulo, para poder recolocá-la mais tarde exatamente no mesmo lugar. Eram precauções absurdas. Jacques, sempre extremamente atento aos seres e à sociedade em geral, que eu sempre via se ocupar das tarefas cotidianas com o olhar pousado sobre os objetos que ele manipula e ao mesmo tempo longe deles, porque está relendo mentalmente a página do livro que acabou de fechar ou porque observa o interlocutor invisível com o qual está conversando, é tão desatento para a organização das coisas quanto sou boa observadora, no duplo sentido, aliás, daquela que contempla e que se submete. Se eu tivesse conduzido minhas investigações de maneira menos cuidadosa, ele certamente não teria percebido nada. Se eu tivesse derrubado objetos, enfiado um papel importante em um lugar qualquer, eu o teria ouvido resmungar para si mesmo, reclamando da própria alienação ou distração. Portanto, mesmo se minha intenção era não deixar vestígios da intromissão, é preciso dar outras explicações para tal perfeccionismo na arte de bisbilhotar.

Primeiramente, o estado emocional em que eu me encontrava fazia com que me movimentasse com extrema lentidão. A aceleração do ritmo cardíaco por vezes é tamanha que parece que o coração vem bater na parede do peito, e acreditamos ouvir o barulho provocado pelo choque. Antes de conseguir fazer um gesto, eu esperava que o órgão enlouquecido na sua gaiola se acalmasse. Ou então, como acontece com frequência, usava meus pulmões como *airbag* para contê-lo, e respirava profundamente. A emoção tomava conta de mim, principalmente durante o tempo do percurso visual das páginas das cadernetas ou das cartas; em seguida, a impecável extração da carta escolhida monopolizava a atenção. Durante o tempo da leitura, embora nunca houvesse muita coisa para ser lida, e minha leitura fosse rápida, eu ficava sempre concentrada, a fim de esquecer a reação das minhas vísceras. Estava ocupada demais com a hermenêutica das notas lacônicas que ia decifrando! Encontrar o nome por trás da inicial e atribuir-lhe um rosto, configurar circunstâncias e um local preciso a partir de uma data. Principalmente, traduzir dois ou três qualificativos empregados por Jacques num diálogo de gestos e de palavras entre ele e a imagem que eu havia mais ou menos formado. Foi assim que, logo nos primeiros dias depois que o envelope largado exibiu seu conteúdo, fui a artesã inconsequente de meu destino, autora que anota ideias vagas antes que se estabeleça a trama na qual ela vai se intrometer, pequeno roedor desnaturado acumulando provisões de alimentos envenenados! Eu ia juntando um repertório de situações, com acessórios e personagens aferentes, que colocavam à disposição da minha atividade fantasiosa um arsenal de imagens desordenadas das quais eu não podia prever a extensão — nem a crueldade.

Isso, na maior parte do tempo, no chão. De quatro, em apneia, para enxergar o depósito no fundo do escaninho de correspondência, situado na parte de baixo da estante, sentada ou meio estendida, para retirar as cartas e as cadernetas e estudá-las. Mesmo que eu as encontrasse numa gaveta mais alta, preferia folheá-las nessa posição mais baixa. Evitava sentar na poltrona de Jacques e tocar móveis e objetos, embora fosse pouco provável que um policial viesse para recolher as impressões digitais. Ficava encolhida no espaço estreito sob o teto inclinado dessa parte. Ao mesmo tempo que via, como as atrizes nos ensaios observam suas marcas no espaço do palco, mulheres de cuja existência eu nem sequer desconfiava e que distribuíam entre si lugares na vida de Jacques, eu reduzia meus próprios deslocamentos. Seria sua presença virtual que me confinava numa margem? Seria da minha parte um reflexo do animal que se esconde ao contato de mãos desconhecidas? Eu ia apagando metodicamente todos os vestígios da minha promiscuidade com elas, mesmo que isso fosse fantasioso, como tomar nas minhas mãos o papel de carta que elas haviam segurado, ou escorregar para o olhar que Jacques pousara no corpo delas. Eu concluía essa eliminação concentrada nessa atividade inconfessável, ou seja, uma atividade que, em princípio, para o resto do mundo, e às vezes para nossa consciência esquecida, não deveria nunca ter acontecido.

Entretanto confessei, em parte. Jacques me ligou e evidentemente foi mais fácil dizer pelo telefone que eu tinha aberto seu diário íntimo. Imagino que ele tenha percebido a que ponto eu estava perturbada, porque, em vez de se dizer chocado ou magoado com a minha indiscrição, falou cautelosamente. Foi o som dessa voz pausada que me forneceu, naquele momento, a maior segurança. Mas eu devia ter descoberto pouca coisa, porque, quando ele me prometeu que na volta explicaria os casos que tivera com cinco ou seis mulheres, minha agonia aumentou. Eu não havia identificado tantas.

Sarajevo, Cluj, Timisoara

Antes que Jacques voltasse da viagem ao interior, eu também tive que passar vários dias fora. Ia fazer conferências, primeiro em Sarajevo, depois faria uma turnê pela Romênia. Deixei Paris relendo mentalmente as passagens do diário de Jacques, reinterpretando-as à luz das suas palavras ao telefone, esmiuçando os mesmos fragmentos de diálogos, na esperança de antecipar as explicações que ele me prometera, mas sem chegar a nenhuma conclusão, com o pensamento subitamente bloqueado por uma falha da minha imaginação, como se tivesse me defrontado com um lapso de memória. Eu estava começando a conhecer esse sofrimento, nascido das dúvidas que temos sobre a pessoa que se tornou o centro das nossas preocupações, que se alimenta, como sabemos, das fabulações com as quais preenchemos as aparentes lacunas da vida, mas também, por outro lado, da expectativa nunca satisfeita na qual estamos mergulhados e que paralisa todas as faculdades de raciocínio, sejam elas delirantes ou não. Sofremos por causa da nossa imaginação, e às vezes sofremos ainda mais pela nossa falta de imaginação. Logo, eu iria viver mil vezes essa experiência: no minuto seguinte à explicação que eu mesma teria inventado para um mistério na vida de Jacques, que ele teria negado e eu preferiria acreditar nele, ou simplesmente porque eu mesma teria abandonado minhas arriscadas suposições, não restaria nenhuma outra explicação e eu estaria literalmente confrontada com o absurdo. Nesse momento, muito mais do que quando eu julgava, afinal, minhas interpretações extravagantes, é que eu tinha a impressão de "estar perdendo a razão".

Foi assim que, ouvindo um relato de Jacques sobre uma viagem a Atenas, pensei reconhecer na garota bem jovem, cuja falta de jeito ao mesmo tempo tocante e excitante com a qual ela lhe fazia uma felação ele evocava, a filha de um amigo que morava ali. Quando pronunciei o nome dela, ele negou tão espontaneamente, e riu tanto, que acabei querendo acreditar nele, da mesma forma que, quando conduzimos esse tipo de investigação dolorosa, é verdade que estamos sempre prestes, em parte por covardia, em parte por cansaço, a renunciar, digamos assim, à verdade que, no entanto, buscamos ansiosamente. Ao mesmo tempo, fiquei mais abatida do que se ele tivesse confirmado a minha suspeita. Pois, além de tudo, ele nem se lembrava quem era, de fato, a garota, nem mesmo do episódio, e me vi na estranha situação de ter que descrever para ele, com base na minha recente leitura, uma cena que tomava forma na minha cabeça com tamanha precisão que eu poderia ter acrescentado à sua narrativa escrita todos os detalhes da decoração do quarto do hotel onde isso poderia ter acontecido, e que para ele, embora o tivesse vivido, deixara apenas um branco. Teria ficado mais satisfeita se, durante aquela tentativa de reconstituição do passado dele na qual eu estava empenhada, Jacques tivesse, de vez em quando, tomado a palavra, e eu pudesse ter me contentado em ouvi-lo. É verdade que eu teria sofrido não apenas por ter lido, mas por ouvir da sua boca, na sua voz afetada pelas emoções, a designação dos lugares, das circunstâncias, das pessoas, mas pelo menos teria me deparado com obstáculos que, nomeados, teriam perdido sua aura, enquanto a memória defeituosa de Jacques ou seu pudor iam me manter por muito tempo suspensa acima de um vazio. Esse vazio me ofuscou. Tenho vertigens e, acreditem, os falsos raciocínios, os esquecimentos, os brancos, aquilo que chamamos de ausências, me dão tanto medo quanto o precipício a meus pés. Quando a cabeça está girando nos apoiamos no parapeito; quando estamos nervosos com o silêncio de alguém, impossibilitados de compreender a vida, erguemos telas para projetar narrativas que preenchem esses vazios. Mas pode acontecer que as telas permaneçam brancas. Quanto mais eu fracassasse em forçar a memória de Jacques, mais a minha imaginação seria ao mesmo tempo solicitada, e ficaria, em vários momentos, desprotegida.

Quando desci do avião em Sarajevo, penetrei numa imagem tantas vezes apresentada na televisão, nos anos anteriores, e reconheci perfeitamente os hangares diante dos quais estavam estacionados os aviões que descarregavam as caixas enviadas pelos organismos de ajuda humanitária e de onde desciam os missionários. Tudo que eu transportava da minha tristeza e da minha obsessão nascentes nos últimos dias foi imediatamente aspirado, desintegrou-se, e as partículas foram se depositar sobre aquilo que eu via pela primeira vez na vida, marcas recentes da guerra: à direita da estrada que me conduziu ao centro da cidade, viam-se os vestígios fusiformes do edifício do jornal *Oslobodjenje*, plantado numa nuvem recortada de concreto destruído onde cresciam ervas daninhas; à esquerda, os imóveis residenciais dos quais apenas um ou dois andares eram habitados e traçavam através da fachada uma linha nítida de janelas com cortinas. Todo o restante, abaixo, acima, ainda estava escurecido, com as vidraças quebradas.

Será que nunca existiu um psicólogo imaginativo que pudesse tomar emprestado à física o princípio dos vasos comunicantes e estudar as leis segundo as quais, algumas vezes, nosso tormento espalha sua água turva sobre o mundo e não nos permite mais distinguir o que está acontecendo, enquanto outras vezes são as emanações sufocantes do mundo que penetram em nós empurrando a bile? Minha lembrança dessa estada em Sarajevo é ao mesmo tempo emocionada e feliz. Na cidade que ia sendo extraída do pesadelo, minha angústia foi momentaneamente afastada.

Da mesma forma que certos lugares míticos, como os que visitamos na Grécia ou na Turquia e que preservaram suas antigas dimensões, a cidade, por ser cercada de montanhas, impressionou-me por suas proporções de cenário teatral. Construídos para gente como nós, esses lugares permitem que logo nos familiarizemos com seu heroísmo e sua glória; sentimos ali a sensação de entrar de uma só vez nas páginas de um livro de História, e misturamos essa sensação com o limo das reminiscências da nossa própria história. Muito tempo depois de ter voltado a Paris, entendi que a emoção sentida quando caminhei no lugar do assassinato do arquiduque Francisco Ferdinando tivesse talvez sua origem na empatia inocente que eu sentira quando me levaram, ainda criança, pela primeira vez, para ver um espetáculo, as *Violetas imperiais*, no teatro Mogador. Aquilo havia sido para mim uma experiência confusa, durante a qual eu não soubera bem distinguir o que pertencia ou não ao espetáculo.

Primeiramente, fiquei decepcionada porque achei que os retratos Harcourt* dos atores, expostos no saguão, iam se mexer, e minha mãe riu ao compreender meu engano. A montagem queria impressionar, porque o palco era atravessado por cavalos de verdade, e eu não conseguia entender como era possível levar animais tão grandes para um espaço tão pequeno. E depois eu tremera quando houve a explosão simulando a bomba lançada contra a carruagem de Napoleão III. A época não era a mesma, e não tinha sido essa a arma utilizada, mas as pequenas dimensões do lugar, o estilo da arquitetura, a trama dramática — um príncipe vítima de um atentado durante seu trajeto — tinham, sem que eu tivesse consciência disso, encontrado o caminho daquela marca primitiva.

Naquele momento, escutei os habitantes, que se abriam aos outros levados pelos sofrimentos que não tinham podido, durante anos, ultrapassar as barreiras físicas, e o relato de suas vidas, em parte isoladas durante o estado de sítio, suspendia a introversão psíquica na qual eu começara a entrar antes da minha chegada. Eu tinha até mesmo, em alguns momentos, a agradável sensação de me elevar no ar, pois a sala onde fazia minhas conferências situava-se sob a cúpula de uma antiga igreja, transformada na sede do Soros Center. Era o final do inverno, o tempo estava ensolarado e a luz penetrava pelas aberturas em volta da sala, e eu não sentia mais as inquietações daquela manhã, no quarto do hotel, quando, à luz ofuscante da única cortina translúcida e de cor laranja que devia supostamente ocultar a janela, telefonei para Jacques. Aquela luz me acordara cedo e me irritava os olhos. Os telefonemas eram bons. Nossas conversas

---

* Famoso estúdio fotográfico em Paris. (N. da T.)

eram amigáveis e duravam cinco, dez minutos. Mas Jacques dava a entender que não podíamos ficar tanto tempo ao telefone.

Pouco a pouco, minha viagem assemelhou-se à de Jonas refugiando-se no ventre da baleia. Depois de Sarajevo, devastada e, no entanto, hospitaleira, na sua depressão geográfica, fui a Viena, de onde pegaria um avião para Bucareste. Naquela época, eu ia com frequência a Viena, cujo centro, circunscrito pelo Ring, também conservou proporções humanas. Ali eu me sentia no ventre da Europa, ainda mais porque seu aeroporto é um centro de conexões da Europa central e balcânica, e a sala de embarque dos voos para o Zagreb, Budapeste, Bucareste, Sofia, Varsóvia ou Minsk, por onde eu passava sempre, é circular. Em Viena, fiquei por uma noite na casa de um casal de amigos que puseram à minha disposição um pequeno quarto que poderia ser o de uma criança. Com a cabeça sob as cobertas, em voz baixa, tive uma conversa telefônica ainda mais longa com Jacques. Pedia a ele que me acariciasse, ele respondia que estava se esfregando na minha bunda, que eu devia erguer as pernas bem alto para que pudesse ser segurada, que ele estava lambendo minha xoxota. Ele também estava se masturbando? Sim, se bem que uma *chupadinha* de Catherine seria bem-vinda. Eu também me tocava, enfiava o dedo médio, estava úmido...

Entretanto, durante a masturbação, só as fantasias me levam ao orgasmo, e tenho que ser tão rigorosa na sua elaboração que é mais ou menos impossível atingir esse orgasmo na presença de alguém, mesmo que seja apenas um ouvinte, pois qualquer palavra e até mesmo sua respiração tiram minha concentração. Às vezes, quando sinto surgirem em mim os sentimentos contraditórios que são o medo de cansar meu parceiro, porque demoro muito mesmo a terminar minha narrativa estimulante, e uma hostilidade em relação a ele, porque me freia na condução do meu próprio prazer, prefiro desistir. Tenho, portanto, certeza de que não gozei durante aquela troca, quando minha mão não respondia apenas aos impulsos da minha fabulação interior, mas eu também a emprestava em parte a Jacques. Gozei depois de ter desligado. Não me lembro com que imagens.

Em Bucareste, meus anfitriões avisaram-me na última hora que eu não iria a Cluj de avião, como previsto, e sim num trem noturno. Não se podia confiar nos horários dos aviões e, tendo em vista a minha agenda, não queriam que eu corresse o risco de me atrasar. Não tive tempo de pedir mais nenhuma explicação, o motorista logo me levou à estação e colocou um bilhete na minha mão. Encontrei meu trem e meu compartimento, que era dividido com uma mulher loura, um pouco corpulenta, o rosto de traços jovens, agradáveis, suaves. Ela falava francês e dava aulas, disse-me com uma voz doce. Mantinha a cabeça ligeiramente inclinada, como alguém que faz timidamente uma pergunta. Ela preferiu ficar com o leito superior.

De repente, essa pausa benéfica, proporcionada pela estada em Sarajevo e a escala em Viena, terminou. A perspectiva de passar uma noite num trem desconfortável me contrariava. Eu estava começando a ficar cansada da viagem. O vagão sacudia horrivelmente, o calor no compartimento era sufocante. Não consegui dormir, e no vão escuro e úmido do leito inferior, num estado de consciência enfraquecida, atravessado pelo rangido do estrado suspenso acima da minha cabeça, resolvi me masturbar, e assim fiz durante a noite toda. Mal os músculos doloridos da minha mão recobravam um pouco seus movimentos depois de um espasmo, novamente a vontade de recomeçar parecia abrir, ampla e imperiosamente, a parte de baixo do meu ventre. Meus dedos estavam encharcados de uma mistura de suor e umidade vaginal, e por isso, quando eu separava as coxas uma da outra, produzia-se um barulhinho seco de ventosa que me fazia temer, como quando eu era criança e me excitava ao lado da minha mãe na cama dela, que minha vizinha de compartimento ouvisse e adivinhasse o que eu estava fazendo. Não me lembro de ter visto o dia começar a riscar a grossa cortina puxada na janela; acabei adormecendo.

Foi naquele trem antigo, durante aquela noite confusa, que a onanista de imaginação fértil que eu era, especialista na elaboração de uma extensa coleção de sonhos eróticos, foi devorada por personagens de rosto e nome conhecidos que tomaram conta do teatro que ela havia ocupado até então, tendo tido por companhia apenas cúmplices anônimos. A partir daquela noite, eu, a inventiva, fui submetida a regras mais rigorosas do que as impostas aos autores clássicos e, provavelmente, com menos possibilidades de contorná-las do que eles se permitiram fazer. Durante muito tempo, eu não conseguiria mais estimular solitariamente o prazer sem passar pela exasperante visão do sexo de Jacques penetrando uma das suas amigas. Nesses devaneios, eu não estava mais no centro dos acontecimentos, era apenas espectadora. Se eu participasse, era logo excluída. E só podia provocar em mim a onda profunda no exato momento em que minha organização mental dava a Jacques a contorção e a careta do auge do prazer.

Quanto tempo durou esse programa imposto? Dois anos, três, talvez mais. Durante esse longo período, meu universo libidinal foi tomado por invasores. As representações de Jacques, súcubos a partir daí presos a ele, substituíram todas as participações da minha própria pessoa. Os tipos de personagem com os quais eu havia até então povoado meus sonhos masturbatórios não estavam mais à altura de provocar minha excitação, e as histórias que eu desenvolvia há anos, algumas desde a infância, em numerosas variações, foram completamente abandonadas e substituídas por aquelas ditadas por algumas breves passagens tiradas das cadernetas de Jacques. Nem é preciso dizer que a lista empobreceu.

Eu explorava, principalmente, algumas cenas situadas na nossa casa de Paris, e na do sul da França. Quando o texto das anotações e das cartas não fornecia nenhum detalhe sobre o lugar, era para lá que eu transpunha os encontros evocados. Enquanto, anteriormente, eu fabricava quase sempre o cenário a partir de lembranças longínquas, de casas e jardins que eu visitara ou vira em filmes guardados na memória, ou de lugares que me eram talvez mais familiares, mais públicos, e que dificilmente se prestavam a atos licenciosos, o espaço de meus devaneios passou a se limitar aos metros quadrados das nossas casas. Até então, o tabu que mantivera longe desses devaneios as pessoas com as quais eu convivia se estendia ao meu espaço doméstico; minhas fantasias paravam na soleira da porta. Esse tabu, assim como o outro, também desapareceu. Isso limitou as situações a cinco ou seis lugares: o corredor de entrada da casa de Paris, o balcão da cozinha, um sofá do salão e um outro da casa do sul, as duas garagens, a de Paris e a do sul. Mais tarde acrescentei a casa de um dos nossos amigos mais chegados, que morava no interior, quando soube que Jacques havia ido lá em companhia de uma das jovens. As cenas que eu imaginava em um dos quartos foram mais detalhadas e mais longas do que as outras, proporcionais ao trauma que representou a descoberta desse episódio.

A cada lugar correspondia uma determinada posição: no canapé de Paris, Jacques penetrava a garota de quatro, em plena luz, sob as janelas; no outro, ela estava deitada de costas, como uma mancha clara no tecido verde acinzentado. Seu busto escorregava entre as coxas dele, e ele pressionava o membro entre os seios dela. A inspiração dessa última imagem não me vinha da leitura dos escritos íntimos, mas de duas ou três frases que Jacques deixara escapar ao telefone, pressionado pelas minhas perguntas. Elas tinham marcado minha imaginação especialmente porque essa era uma prática que minha morfologia não permitia, ou seja, uma forma de prazer que eu nunca imaginaria que ele procurasse. Em outras fantasias, ele penetrava a garota de pé, com a saia levantada, atrás do balcão, da mesma maneira que na garagem, onde ela colocava o pé no estribo do carro. No corredor, eles trepavam no chão de cimento, rapidamente. Sempre "vi" essas transas como se estivesse atrás de Jacques. Isso quer dizer que, com um ligeiro afastamento, eu via suas costas e sua bunda e observava o movimento do seu quadril, suas mãos segurando com força os quadris ou os seios. O corpo da garota era muito menos nítido, em parte escondido, seus contornos nunca eram bem definidos. A cena no sofá parisiense era a única na qual eu me integrava, pelo menos no início. A forma era clássica: enquanto ela mergulhava os seios no sofá, para melhor destacar a bunda, eu vinha colocar meu sexo ao alcance da sua boca. Essa intromissão na relação deles foi uma breve manifestação da necessidade de vingança, pois eu me via dirigindo as operações, indicando aos dois outros protagonistas o que deveriam fazer, mas essa fantasia não durou muito. Na realidade, nunca conduzi os jogos amorosos.

Eu ficava mais à vontade nas cenas em que permanecia escondida, vendo e ouvindo, aquelas em que minha exclusão era evidente, de um modo um pouco cruel. Exemplos: eu chegava de surpresa e, na escada que levava ao salão, ouvia as vozes e os gemidos do casal; claro que eles estavam entretidos demais para prestar atenção na minha presença, e eu os ficava observando atrás do canto da parede. Entrava na sala no momento exato em que Jacques estava gozando. Um floreio sutil fazia com que, às vezes, ele ejaculasse um segundo depois de terem descoberto a minha presença, por meio de uma olhada para trás, o último movimento forçando de certa maneira a surpresa imposta pelo meu olhar. No entanto, o melhor esconderijo era o escritório dele, situado num mezanino acima do salão, ou, melhor ainda, o sótão de telhado rebaixado ao qual esse escritório leva. Desse ponto, eu os ouvia mais do que via, reencontrando na fantasia o lugar e a posição das minhas buscas ilícitas.

O telefone intervinha na cena da masturbação entre os seios. Eu imaginava que Jacques atendia para responder ao meu chamado e que, sem interromper o vaivém do seu sexo, falava-me das pequenas coisas com as quais, durante uma pequena separação, um casal mantém a intimidade. Meu afastamento era total: eu não estava presente fisicamente, a situação era disfarçada pela conversa banal de Jacques — ele zombava de mim —, e como eu nunca o vira pessoalmente sentir prazer dessa maneira, minha impressão era que, como certos personagens monstruosos nas fábulas, ele desvendava bruscamente uma faceta insuspeitada. Não sei se era melhor ou pior, mas a duplicidade que eu lhe dava era o contrário da qualidade moral que eu sempre conhecera nele.

Hoje, ao escrever, percebo o caráter de *vaudeville*, atualizado no estilo *hard*, dessas situações. Se tivesse tido essa consciência antes, não creio que isso tivesse me desviado, pois eu sabia que minhas sessões de masturbação nunca se desenrolavam se não fossem alimentadas pelas situações mais estereotipadas e, se possível, as mais vis. A diferença do *vaudeville* era que nenhum escândalo acabava com as esquivas e as dissimulações. O devaneio se interrompia na imagem que dava o sinal do meu próprio orgasmo, a de Jacques ejaculando, tão precisa a ponto de sequer poupar o desenho de seus músculos tensionados e de seu rosto crispado. Quando acontecia de estender um pouco mais a cena, porque a satisfação não tinha sido plena, eu concedia um momento de deriva a meu pensamento antes de retomar minha história. Ou porque, com a diminuição do prazer, meu pensamento voltava ao curso mórbido de sempre, eu me via saindo da casa, sem dizer uma palavra, deixando Jacques e a companheira desconcertados, e ia andando por muito tempo, sempre em frente, até sair de Paris; eu chegava até um campo e caía de cansaço. Numa variante, que não combinava muito bem com o episódio precedente, eu saía nua com um casacão ou uma capa, descalça, insensível ao frio e às asperezas do chão. Esse desnudamento era uma espécie de refúgio, uma proteção. Os voyeurs gozam solitariamente, e aqueles que se masturbam são voyeurs que preferem o conforto de suas visões mentais aos riscos que correriam na vida para satisfazer suas pulsões. Uns e outros, porém, igualmente, só podem seguir suas práticas retirando-se momentaneamente do espaço comum. E quando sua dissimulação não é perfeita, são condenados, sendo obrigados a dissimular ainda mais. Mesmo quando existem circunstâncias em que sua tendência é tolerada — numa orgia, por exemplo —, um atavismo faz com que essa exclusão e esse estigma participem definitivamente do próprio prazer. Quando eu me imaginava andando sem rumo, implicitamente expulsa de casa, embora minha mão não solicitasse nunca meu sexo, será que eu não estava alcançando o apogeu do prazer solitário?

Bastou uma noite de insônia no trem entre Bucareste e Cluj para que a maioria dos elementos dessas mininarrativas, retomadas mil vezes seguidas, fosse estabelecida. Pena que não possamos convocar nossas lembranças como se estivéssemos visitando um museu. O deslumbramento diante das obras primitivas, que apresentam imediatamente uma perfeição formal e uma qualidade expressiva que se iguala à arte dos séculos seguintes erroneamente interpretada, durante muito tempo, como sendo o fruto da experiência adquirida pelas sucessivas gerações, poderia ser sentido da mesma maneira diante dos modelos elaborados pelo nosso psiquismo, desde a nossa mais tenra idade. Aquilo que é verdade para a humanidade é também para o indivíduo. Se pudéssemos convocar mais facilmente do que de hábito nossos pesadelos de infância e as fantasias que povoaram nossas primeiras angústias, não seria um consolo, uma justa compensação, talvez um motivo de orgulho, descobrir que eles já estão tão bem-estruturados? Será que as obsessões que nos perseguem na nossa vida adulta não seriam mais suportáveis se pudéssemos admirar a perfeição dessas construções primitivas das quais elas são apenas a repetição, e nos felicitar por sermos seus autores precoces e, no entanto, tão bem-sucedidos? Que satisfação narcisista para compensar nossos males psíquicos! Volto a Salvador Dalí: não é necessário que nossa paranoia seja tão grande quanto a dele para seguir seu exemplo, e, em vez de sofrer com as ameaças exercidas pelos outros, seria melhor ruminar nossos terrores infantis e evidenciar a que ponto, no seu próprio exagero, eles podem ser magnificamente coerentes e explícitos. Não apenas, durante os anos que se seguiram, essas fantasias que acabo de resumir só variaram nos detalhes, como também se transplantaram para esquemas bem mais antigos. Eu sabia disso. Assim, uma de minhas lembranças recorrentes vinha da época em que eu acabara de entrar na puberdade. Era um domingo em família, isto é, como meus pais não se davam muito bem e nunca saíam juntos, eu estava, naquele dia, na companhia de meu pai e de meu irmão, de minha tia e de meus primos paternos. Depois do piquenique no parque de Saint-Cloud, tínhamos organizado um jogo de bola. Éramos muitos, todos estavam excitados com o jogo, e aconteceu que a minha vez passou sem que alguém percebesse, a não ser eu, é claro, mas não disse nada. Nunca esqueci a raiva que senti por ter sido deixada de lado no jogo, por ter saído do campo de atenção dos outros. Nunca esqueci, porque nunca deixei de procurar avivá-la. Naquele dia, acabei reclamando, quase arrependida, e as muitas desculpas e o consolo que me deram não foram melhores que o espasmo que tinha percorrido meu peito alguns minutos antes.

    Eu já havia experimentado esse estado de onanismo compulsivo — quando tive cistite (ou mesmo gonorreia). Com algum esforço podemos converter a irritação em excitação. Mas, assim que esta termina, é preciso recomeçar, pois a irritação é ainda mais dolorosa. Junte-se a isto que o prazer obtido dessa forma raramente alcança seu ponto de saturação e que, ao recuar, ele deixa cada vez um vazio maior, que eu sentia como uma ferida se abrindo no meu corpo até rompê-lo. Terá sido essa sensação que me fez adotar um gesto particular? Não me contento em friccionar o clitóris, também aperto e esfrego um contra o outro os lábios da vulva, como se quisesse suturar uma ferida. Quando se trata de uma cistite, a vontade de urinar provocada pela irritação torna-se uma espécie de prolongamento da excitação, e podemos até ter a impressão de que a micção vai finalmente permitir realizar plenamente o prazer. No trem, tive que ir ao banheiro seis ou sete vezes. Por sorte, nosso compartimento era no final do vagão e o toalete não era distante. Se, apesar das precauções que tomei ao abrir a porta, minha companheira acordou, ela deve ter achado que eu estava passando mal.

O trem me deixou em Cluj, naquele estado de abatimento de um pesadelo, que não se dissipou durante os dois dias da visita. Diga-se de passagem, os primeiros elementos vislumbrados na cidade eram irreais. No carro do diretor do Centro Cultural Francês que foi me buscar na estação, percebi que em certos lugares a estrada era de terra batida; cruzamos com charretes cujo condutor, uma pequena massa atarracada, usava um gorro de astracã. Eu me perguntava como podia ter chegado até ali para fazer conferências sobre a arte contemporânea mais *cutting edge*.* O diretor me convidou para tomar o café da manhã na casa dele, que foi partilhado com os filhos, que ele preparava apressadamente para irem à escola. Finalmente, ele me levou ao apartamento colocado à minha disposição num prédio afastado do centro, uma dessas construções populares que

---

* Avançada, de vanguarda. (N. da T.)

os países comunistas conseguiram fazer, mais simples do que as nossas. Da minha janela, ouvia os galos cantarem nas varandas da vizinhança. Desisti de tomar um banho porque a água da torneira continuava saindo cor de ferrugem.

O centro histórico é muito bonito, gótico e barroco, branco. Na Escola de Arte e de Design, falei numa grande sala de vigas aparentes. Estava cheia, e me ouviram sem que fosse preciso recorrer a um intérprete. Simpatizei com uma das professoras. Como eu tinha que ir a Timisoara de carro, ela quis me acompanhar, interessada em continuar a conversa. Ela voltaria do mesmo modo, pois o motorista, de qualquer forma, tinha que levar o carro de volta para Cluj. Sentada na frente, com o olhar flutuando por paisagens que poderiam ter sido desenhadas por ilustradores de contos — uma estrada estreita serpenteando entre duas fileiras de árvores, semelhante àquela que leva ao castelo da Bela Adormecida, uma cadeia de montanhas arredondadas que poderiam ser aquelas transpostas pelo Gato de Botas —, relaxei, desenrolando algumas novas cenas do romance de Jacques-o-duas-caras. Nem por isso deixei de conversar com minha companheira, cuja personalidade reservada e calma não atrapalhava a elaboração de episódios menos sexuais e mais sentimentais do que aqueles repassados no trem. Essas novas fabulações não refletiam as indicações escritas às quais eu tivera acesso, eram totalmente inventadas, tão banais, por exemplo, como beijos, gestos carinhosos e maquinais trocados entre Jacques e sua amiga, quando ele a encontrava em algum lugar; inspiradas, de fato, no nosso próprio comportamento, meu e dele, quando estávamos juntos. Aliás, a essas visões nas quais uma estranha tomava o meu lugar numa relação de casal cúmplice eu misturava outras, idênticas, que prefiguravam o reencontro afetuoso quando eu voltasse de viagem. E essa trama estava em harmonia com o espírito de resignação que atravessava as palavras daquela que, com o mesmo tom de voz, me falava de suas pesquisas sobre o vitral contemporâneo e do preço da gasolina, que acabara de dobrar e que a impedia de usar seu carro e, portanto, de viajar para completar seus conhecimentos. Prometi enviar-lhe uma documentação. Uma supraconsciência alimentava minhas palavras enquanto a dor voluptuosa suscitada por minhas fantasias irradiava meu corpo dessa maneira particular que faz com que não saibamos exatamente se nossas vísceras se contraem um pouco ou, ao contrário, se dilatam. No calor do interior do carro, deixei-me invadir por essa beatitude da qual se fala nas vidas dos santos e que é a recompensa daqueles que se curvam à vontade divina.

Na época desse périplo, os acontecimentos de dezembro de 1989 ainda estavam presentes nas memórias. Ir a Timisoara significava visitar o lugar de uma insurreição, e também das cenas macabras da sua repressão; era como ir até a fonte da água escura que saía da minha torneira de Cluj, demonstração feita à humanidade do final do século XX de que realmente não seríamos capazes de achar água limpa para lavar a História, tudo isso expresso pelo nome da cidade, pronunciado como um lamento. Encontrei ali uma jovem colega, da qual guardara uma lembrança emocionada, pois quando a conheci, algum tempo antes, num colóquio em Budapeste, ela foi tão violentamente interpelada por uma moderadora, no meio da sua intervenção, que caíra aos prantos diante da assembleia. Apenas duas pessoas, um jovem alemão e eu, a consolamos depois da sessão, adivinhando vagamente no incidente um súbito resquício da

História ainda mais antiga das relações entre húngaros e romenos. Ela foi minha guia nessa última etapa, loura, calma, esguia silhueta pré-rafaelita que iluminava o imenso e sombrio, mas confortável, apartamento *Jugendstil** onde ela morava na praça Victoriei. Finalmente, decidi tirar algumas fotos com a pequena câmera que levara. Minha volta não permitiria apenas a retomada precipitada das discussões que tivera com Jacques antes da minha partida; eu também lhe mostraria imagens de viagem.

Se eu tivesse podido me libertar um pouco mais das minhas obsessões para fazer um autoexame, teria relacionado minha empatia com os amigos de Sarajevo e minhas acompanhantes romenas com um encontro ocorrido dois meses antes, longe dali, em Buenos Aires (pois se viaja muito a trabalho quando se é crítico de arte). No avião, li de uma só vez o romance que Jacques acabara de publicar. Não sou sempre tão esperta quanto meu olhar é afiado — como essa narrativa torna evidente —, mas posso ser, diante das obras literárias ou plásticas, inclusive quando os autores me são próximos. Essa faculdade se deve talvez à profissão de crítica, que teria me possuído como uma segunda natureza, mas pode ser também que essa profissão tenha sido escolhida de acordo com o hábito, adotado desde a infância, de viver, na minha cabeça, num mundo alimentado pela observação. De modo que, quando estou diante de objetos expostos para serem apreciados, faço-o como se fosse uma visitante, por assim dizer. Como minhas aspirações, meus objetivos pertencem principalmente a um mundo interior, gozo de uma certa imparcialidade quando venho ao encontro do mundo objetivo, e

---

* Art nouveau. (N. da T.)

essa disposição me teria feito tomar o lugar daquela que, para julgar melhor, deve se posicionar a distância. Sempre li os livros de Jacques com o espírito liberto da minha ligação com ele, e para mim seria relativamente fácil designar aquilo que, a meus olhos, são defeitos ou cacoetes, e também as qualidades da sua escrita. Dessa vez, eu estava profundamente admirada: de todos os seus romances, este era o mais feliz e ao mesmo tempo o mais sério. O mais belo, talvez. Também notei, sem dar maior importância a isso, que a personagem de C., que atravessava os livros anteriores, desaparecera.

Assim que cheguei a Buenos Aires, fui tragada pelo meio que me acolhia e me liguei a uma senhora, conservadora de um museu em Atenas, convidada, como eu, para o colóquio. Não sei se ela era mais velha, mas eu a via assim, por causa de seu físico maternal, seus *tailleurs* e seu coque liso. Ela me fez confidências: era viúva havia pouco tempo de um homem que amava e por quem era amada, e que morrera logo depois que eles se casaram. Por que será que fiquei tão comovida com a dor que ela deixava passar, apesar do seu perfeito domínio, com aquela maneira tão particular das mulheres maduras que falam da vida com ares de professora primária, e por que sua companhia abriu em mim uma comporta pela qual minha própria vida ao lado de Jacques parecia escapar? Ela me fazia perguntas sobre essa vida e dizia ter inveja de mim, mas ao longo das nossas conversas, em vez de avaliar minha sorte e me refugiar na sua evocação, eu a sentia como algo infinitamente distante, quase irreal. Minha lembrança desse colóquio é dominada por essa impressão. Revejo-me em uma recepção, num terraço de onde se podia contemplar o rio da Prata. Em outras circunstâncias, eu teria adorado essa tomada de posse da extensão do mundo, mas enquanto todos se divertiam apertando os olhos para tentar enxergar o Uruguai na outra margem, eu me mantinha afastada, contentando-me em observar a que ponto o panorama nada tinha de pitoresco. No último dia, a amiga ocasional me deu de presente discos de Tita Merello, Ada Falcon, Azucena Maizani, nada além de tangos dilacerantes.

Quando partilhamos a infelicidade dos outros, estamos nos protegendo daquela que, ainda que de forma confusa, nos ameaça; a compaixão pode ser uma distração. Mas, quando estamos diante do sofrimento, pode haver, mais do que um consolo, uma paradoxal euforia em sentir sua universalidade. Em contato com pessoas que estão sofrendo, ou que estão saindo de uma adversidade, meu próprio infortúnio se diluía, mas não se dissipava, agindo como um café bem forte, que dizem ser muito mais estimulante. Dissipar-me na infelicidade do mundo não fazia com que eu sentisse de forma menos dolorosa aquela pela qual achava ter sido atingida; ao contrário, aumentava-a ainda mais. Talvez fosse aquele amor experimentado na maturidade do ser, estável e profundo, evocado pela mulher que encontrei em Buenos Aires, que me fascinava e ao qual eu aspirava por trás da angústia cujo germe acabava de ser plantado pelo desaparecimento de C. É claro que os dramas vividos pelos meus amigos da ex-Iugoslávia e da Romênia, as dificuldades que eles enfrentavam cotidianamente ajudavam-me a relativizar minha própria ferida, mas um ou outro usara palavras que poderiam ter sido minhas para falar de um acontecimento muito diferente e, pouco importava, essas palavras tinham sido pronunciadas, e eu poderia secretamente transferir para elas meu sentimento e aumentá-lo. Quanto ao ostracismo do qual fora vítima a jovem romena de Budapeste, e que eu rememorara quando a encontrei em Timisoara, as razões estavam bem distantes daquelas que me faziam acreditar de maneira fantasiosa que Jacques estava me descartando, mas uma mistura que havia nela de tristeza e combatividade podia favorecer uma identificação, exatamente como no teatro ou no cinema, quando delegamos a personalidades percebidas nas tramas, que não são as nossas, a responsabilidade de agir como não temos coragem de fazer na vida. De um modo geral, será que não estamos sempre observando nossos semelhantes, e será que não interpretamos suas ações da mesma maneira como um autor elabora a trama da sua narrativa, disseminando seus sentimentos entre todos os personagens, encarregando-os de exprimir suas próprias preocupações, e mesmo de resolver seus conflitos?

Existe até uma forma pervertida dessa fagocitose que consiste em adotar como sendo sua uma maneira percebida em outro de exprimir seus sentimentos, que não seria aquela que adotaríamos normalmente, que qualificaríamos espontaneamente como vulgar, que talvez desprezássemos. Muito tempo depois dessas viagens, peguei um táxi certa vez e me surpreendi entabulando uma conversa quase íntima com o motorista, quando geralmente me restrinjo a banalidades. Ele não estava muito atento e, para se desculpar, explicou que acabara de se separar da namorada. Respondi que eu também tinha descoberto recentemente que meu marido me enganava. Essas palavras, "marido", que só uso para formalidades, e "enganada", aplicada à minha pessoa, nessa circunstância, pela primeira e última vez, bem como todas as minhas respostas às perguntas do homem, e a gentileza com a qual ele me tratou, me proporcionaram a prazerosa sensação de resvalar para o lugar-comum.

Os prazeres são sentidos com mais intensidade, e as dores com mais profundidade, quando mobilizam uma maior quantidade de canais emotivos, quando drenam uma quantidade incalculável de lembranças felizes ou infelizes, de esperanças realizadas ou despedaçadas. É desconcertante, então, constatar que essas emoções contrárias e complexas afetam ao mesmo tempo o interior de nosso ventre, e não apenas isso, elas agem da mesma forma que a reação mais primária, como o medo diante de um perigo físico. Poderíamos dizer que nossos intestinos trabalham segundo programas primitivos que não podem reconhecer os novos e sofisticados programas emitidos pelo nosso cérebro, e os traduzem num amontoado de signos elementares. Algumas pessoas somatizam de modo inesperado, por exemplo, perdendo subitamente os cabelos ou desenvolvendo alergias bizarras. Com mais frequência, porém, a maioria de nós só conhece, literalmente, uma reação visceral, que não distingue entre medo, felicidade e infelicidade. Há muito tempo eu não fazia uma conferência sem que o nervosismo me obrigasse a uma passagem obrigatória pelo banheiro alguns minutos antes. Ora, um drama imensurável como a morte de um ente querido nunca agirá assim sobre meus intestinos, logo após tomar conhecimento disso. Devemos ter vergonha de nosso corpo, que ignora a hierarquia das emoções estabelecidas pelo nosso ser pensante e que mistura todas, indiscriminadamente? Ou devemos, pelo contrário, nos felicitar porque nosso corpo, desdenhando dos valores morais, sentimentais e até mesmo intelectuais que acabaram se impondo a essas emoções, nos relembra a sabedoria, ou seja, a justa dimensão da nossa natureza que levará junto com sua deterioração todos esses valores? A descoberta que me abalara nos dias que precederam minha viagem tinha provocado uma grande desordem mental que atingira minhas entranhas. E essa desordem generalizada fizera com que eu perdesse meu comportamento de adulta e regredisse, em parte, a esse estado de indiferenciação que caracteriza os primeiros meses da vida. Em suma, devo ter ido ao banheiro e esquecido de dar descarga.

Por acaso, Jacques e eu voltamos de viagem com alguns minutos de intervalo, e encontrei-o abrindo as malas. A cena se desenrolou da seguinte maneira: quando abro a porta, ele se volta, no final do corredor escuro, sob a luz do quarto. Há muita doçura nos seus olhos e alguma expectativa nos seus lábios. Não digo nada; venho soluçar no ombro dele, o que nunca acontecera antes; ele me beija repetindo várias vezes "minha querida", expressão que ele também não costuma mais usar. Depois, deixa passar algum tempo e, quando acabo de chorar, pergunta se passei mal antes de viajar. Digo que não. Aí ele tenta me explicar em que estado encontrou o banheiro. Fala delicadamente, gentilmente, tranquiliza-se quando olho para ele espantada.

C. desaparecida

Uma escada metálica em caracol dá acesso ao escritório de Jacques. Durante muitos meses, essa espiral exerceu sobre a minha pessoa uma atração contra a qual nunca parei de lutar e que, infelizmente, quase sempre conseguiu dobrar essa resistência. Bastava ficar sozinha em casa e passar perto da escada. Como ela fica em frente à porta do banheiro, eu era obrigada a passar por ali várias vezes ao dia. Tentava passar sem olhar para ela, mas assim que chegava à porta do banheiro, muitas vezes dava meia-volta e subia. Passado o primeiro momento de hesitação, subia rapidamente para chegar logo. Não agia como um autômato, mas como uma subalterna que executa conscienciosamente a tarefa que lhe foi confiada. Um avatar da minha pessoa tinha rapidamente debatido com sua consciência e tomara finalmente uma decisão, um outro agia sem voltar atrás. E, como já foi dito, Pandora não ia bisbilhotar, e sim investigar cuidadosamente.

Não era por escrúpulos que eu hesitava. É claro que prometia a mim mesma, fora da zona de atração, e sempre com a mesma convicção, que não ia obedecer novamente ao impulso: minha indelicadeza era odiosa; se Jacques soubesse, teria o direito de ficar magoado com essa violação da sua intimidade. Mas isso eram pensamentos que vinham de um superego um pouco forçado, catequese à qual eu recorria sabendo que no fundo não a considerava válida. Ao mesmo tempo, eu era suficientemente lúcida para considerar a conduta de Jacques pela perspectiva das minhas próprias práticas sexuais, com a nuança de que minha consciência fazia então um discurso de princípios ("com que direito você condena em Jacques aquilo que se permite fazer?") para um eu estereotipado (a infiel, vítima por sua vez de uma infidelidade). Estereótipo que a consciência confeccionava exatamente da mesma maneira como os moralistas inventam em parte os pecadores aos quais darão suas lições. Nunca fiquei tão desorientada com os esquemas que nossa cultura nos impõe como se fossem leis naturais — seja aquilo que guardamos quase sempre de forma simplificada da leitura dos romances, ou as piores fofocas que são sempre uma degenerescência disso. Agi deliberadamente, como no exemplo do motorista de táxi. Outras vezes, a fábula introduzia-se insidiosamente em mim. No fundo do meu ser, nunca tive a menor tentação de criticar o comportamento sexual de Jacques. Quando fiquei ressentida, foi por outras razões das quais falarei mais tarde. Nem mesmo temia que Jacques pudesse ficar zangado com a minha enlouquecida indiscrição. Eu me comportava como libertina: não existia princípio superior para condenar e proibir meus atos.

    Portanto, eu não temia a culpa, mas apenas o singular sofrimento que resultaria da minha investigação. Porém! Quando ela não resultava em nada, eu não sentia nenhum alívio. Não aproveitava para me tranquilizar. De mãos abanando, só pensava em uma coisa: recomeçar minhas buscas numa próxima vez.

Quando a espera era recompensada, porque eu abrira uma carta explícita e surgira um novo nome de mulher, o resultado era uma sensação física atroz: meu corpo recebia uma frente gelada e seca. Todos aqueles que já passaram por essa experiência sabem disso: quando preenchem aquilo que acreditam ser o imenso vazio da pergunta que os obceca, o sangue desaparece, de repente, das suas veias. Eles não descobrem essa prova, ela já ocupava de forma imprecisa, mas plena, seu pensamento, e é a sua realização, a passagem da fantasia para a realidade, que os deixa perturbados. É o medo, não apenas diante do real, mas também diante da premonição total, que os deixa fora de si. Sofrem por constatar uma traição, e sofrem diante do extraordinário poder das suas intuições. Será que não existe uma dimensão desumana nessa faculdade de adivinhar o improvável, e a infelicidade não será ainda pior porque não pudemos impedi-lo? Nesses momentos, eu me desdobrava muito distintamente. Pelo fato de não poder assumir que a verdade que me destruía era aquela que imaginara antecipadamente, eu me tornava espectadora. Meu sangue, que eu sentia me abandonar, meu ventre, que parecia querer se esvaziar, eram os precursores de meu pensamento, que procurava fugir. Se os membros tremiam, é porque não havia mais fluxo para sustentá-los. Se eu segurava meu braço ou minha mão, tinha a impressão de tocar algo que não me pertencia. Era melhor abandonar esse corpo que me prendia a uma realidade insuportável. Várias vezes, a sensação foi tão brutal que as pernas me faltaram. As primeiras fotografias encontradas sobre a mesa de Jacques e a leitura inicial da página da caderneta haviam suscitado, na hora, apenas uma reação moderada, mas, em seguida, a simples verificação daquilo que eu havia extrapolado a partir dessa descoberta quase me fez desmaiar várias vezes.

Havia um rico material. A paleógrafa exumou manuscritos nos quais imergiu, decifrando-os, até que a floresta de signos se fechasse sobre ela. Os primeiros fragmentos reunidos deixavam adivinhar histórias que excitavam a imaginação e incitavam a prosseguir. Verifiquei um fato que conhecia bem, ou seja, que as ligações secretas favorecem as tramas romanescas. O segredo libera a fantasia, e os amantes compensam o pouco tempo que passam juntos com uma complicada rede de situações que os convence da intensidade da sua ligação. Por exemplo: o diário dele e as cartas de uma delas teciam o roteiro detalhado de um primeiro encontro. Apesar de mal se conhecerem, ela lhe dera para ler o manuscrito de uma narrativa erótica que havia escrito. Depois, escondendo sua identidade, combinara um encontro na casa dela. Ele encontrara a porta aberta, reconhecera o lugar descrito na história. Ao chegar ao quarto, encontrara-a vestida apenas com um penhoar, à sua espera, pronta, como na narrativa. Só me restava executar um bordado sobre essa urdidura.

Outras indicações me deixavam uma margem maior de invenção. Alusões a incidentes banais da vida cotidiana me levavam a uma história mais longa. Como eu havia estendido meu campo de investigação, encontrei no caderno de telefones de Jacques o número dos pais de L. Isso significava que sua relação com a jovem era sólida o bastante para ser do conhecimento da família dela, para que ele fosse recebido, quem sabe, como genro.

Quando eu localizava um encontro com essa garota na agenda dele, ia olhar nas minhas próprias agendas o que eu estava fazendo, naquele mesmo dia, àquela mesma hora. Reconstituía aquele encontro, tendo como pano de fundo a lembrança das minhas próprias atividades. Se Jacques não estava onde eu imaginara, no mesmo instante em que eu estava ocupada com alguma coisa, é porque ele tinha aquilo que podemos chamar de uma vida dupla; ao imaginar como eu era então, ignorante e confiante, sentia quase fisicamente minha exclusão em relação à sua segunda vida.

Já vi arqueólogos trabalhando. Com a ajuda de cordas finas, eles dividem o terreno em unidades de menos de um metro de cada lado, e cada um raspa seu quadrado com uma pá. Um fragmento de cerâmica do tamanho de uma unha não passa despercebido. Foi assim que trabalhei no espaço ocupado por Jacques. Pouco organizado, ele sempre espalhou pela casa pedacinhos de papel rabiscados, mais ou menos amassados. Isso sempre me irritou. Não tenho coragem de jogá-los fora com medo de que tenham um número de telefone, anotações que ele irá procurar mais tarde. Adquiri o hábito de desamassá-los e ler.

Como o lugar destinado à correspondência não revelava mais nada de importante, comecei a inspecionar as gavetas da mesa de trabalho. Era ali que ele guardava as fotos, todas misturadas. Aos nomes aos quais eu pudera dar um rosto, por ter cruzado com ele algumas vezes, vieram se juntar rostos e corpos que não tinham nome. Eu examinava os negativos colocando-os sobre uma superfície branca. Às vezes usava uma lupa. Uma série de nus cujos rostos tinham sido recortados permaneceu um enigma, porque eu não tinha como reconhecer a pessoa, é claro, mas também porque me perguntava o que levara Jacques a dissimular a identidade do modelo. Isso não correspondia ao seu modo de ser. Embora eu estivesse começando a admitir que desconhecia uma parte da vida dele, não pensava que esta fosse desconhecida por todos. Na verdade, ele não tinha uma vida dupla — a prova era a facilidade com a qual eu descobria aqueles vestígios, a negligência que fazia com que ele os deixasse ao alcance dos curiosos —, ele possuía uma vida, à margem da qual estava sua vida comigo.

Eu sabia que essa obstinação inquisitorial levava ao vício. Os sintomas foram a repetição mais frequente dos atos, a necessidade de dores mais fortes. Logo, os papeizinhos encontrados ao acaso não foram mais suficientes, e fui procurar no fundo dos bolsos. Cometi dois ou três furtos: uma folha de bloco, na qual uma letra feminina escrevera um miniléxico contendo o que eu acreditava ser a tradução em polonês do nome de Jacques e, se não me falha a memória, algumas palavras de vocabulário erótico; e a fotografia de uma jovem nua que identifiquei, e que me pareceu ter sido tirada muito tempo antes. Não as guardei com o objetivo de mostrá-las a Jacques para acusá-lo. Elas foram se juntar à desordem das minhas próprias gavetas. De vez em quando, olhava para elas, embora não me restasse grande coisa para tirar daquela curta lista de nomes, nem daquela imagem de uma mulher comportadamente nua em um anônimo quarto de hotel. Sua única função era relançar o puro abandono na dor. Esse abandono ainda era o meio mais seguro, involuntariamente exigido, de livrar meu pensamento do tormento das conjecturas, de suspender as discussões com as quais eu irritava Jacques na imaginação, e até mesmo de esquecer as tortuosas ideias de vingança. Com as provas tangíveis nas mãos, eu podia ter um pouco de descanso. A certeza triste, mas plena, não me deixava ruminar a dúvida.

A lógica do inquisidor exige que ele procure uma ligação entre fatos que não são necessariamente associáveis logicamente entre si. De acordo com esse princípio, realizei a mais literal exegese dos livros de Jacques. Percorri-os novamente e concentrei-me no menor esboço de figura feminina e na descrição das cenas eróticas, apoiada nas mesmas sensações que havia tido com a leitura das cartas e das cadernetas. Interpretava as cenas que se desenrolavam num ambiente que me era familiar (o jardim da casa de Maillol em Banyuls, o do Carrousel, em Paris), assim como os registros fiéis da realidade. Essa atenção escrupulosa no objeto corresponde talvez ao modo como eu descrevo as obras nos meus textos críticos, e não, com certeza, ao método de Jacques, que não tem nada de um autor realista! Em relação a essa precisão reservada às outras heroínas, C. me parecia apenas um signo abstrato, uma concha vazia.

Durante minhas releituras seletivas e confusas, meu olhar era atraído pelas passagens nas quais eu acreditava reconhecer lugares onde tínhamos o hábito de passear, onde ele tinha tirado fotos minhas, onde tínhamos feito amor, ou ainda que podiam fazer alusão a gestos que me eram familiares. Adotei a estratégia do mau aluno que sabe percorrer um livro selecionando, instintivamente, as passagens que servirão para a sua dissertação. Mas logo tudo isso me escapava. Era como se os livros de Jacques estivessem impressos sobre um mata-borrão que absorvia e desfazia os signos que eu pensara reconhecer. Quando uma figura que não podia ser eu se insinuava num ambiente que era meu, quando um detalhe se distanciava da minha própria lembrança dos lugares e das coisas, era minha vida que era tragada pela matéria fibrosa e se dissolvia nela. A mesma coisa acontecia na evocação de um corpo. Eu projetava meu dorso na descrição de um dorso. Mas com a bunda não era assim. Então minha imagem mergulhava na página, tomando o lugar da imagem de uma outra.

Como acontece com a maioria dos leitores de romances que são escritos na primeira pessoa, sempre li os livros de Jacques atribuindo suas características ao narrador — pouco importava se os acontecimentos relatados tivessem sido muito diferentes daqueles que eu pensava terem sido vividos pelo autor. No entanto, nunca tentei saber se esses romances encobriam alguma realidade mais ou menos dissimulada. Aliás, eu não me perguntava nada, tendo adotado em princípio, com relação ao trabalho dele, uma atitude quase profissional. Não faço parte dos críticos prescritivos, aqueles que se colocam no mesmo nível dos artistas, intervindo no seu processo de criação através de conselhos sobre sua obra, às vezes até sobre a sua vida. Limito-me a considerar o resultado; quer este me agrade ou não, acho que as razões intelectuais ou existenciais das quais ele resulta pertencem a um domínio totalmente privado, no qual o artista, o escritor, não deve sofrer nenhuma influência. Talvez eu tenha conservado esse recuo em relação a Jacques porque ele mesmo não se abria sobre seu trabalho e suas motivações, e nunca tinha me dado nenhum de seus romances para ler antes da publicação. Outro fato pode ter influenciado. Quando tínhamos acabado de nos conhecer, e ele tentava obter uma colaboração temporária para uma revista de arte, aconteceu de ficarmos, publicamente, em campos opostos numa polêmica intelectual. A partir daí, perdurara esse sentimento de que, apesar daquilo que nos aproximava na vida e das trocas que não nos faltavam, tínhamos na intimidade do nosso trabalho procedimentos autônomos. A tal ponto que eu nem mesmo me perguntava sobre a personagem denominada C. É claro que eu ficava contente ao encontrá-la. Esses pequenos círculos quebrados, espalhados pelos livros, eram como olhos piscando acima daquela multidão de palavras. Mas eu não procurava saber se, através daquele sinal, Jacques queria dizer algo sobre mim ou me dizer alguma coisa. Apenas uma vez fiquei preocupada, porque a narrativa mergulhava C. em aventuras eróticas no Japão, e um interlocutor japonês com quem eu trabalhava fez alusão a isso, na minha frente, sorrindo. Na maioria das vezes, quando era feita uma clara alusão a um acontecimento vivido em comum, ou mesmo a algo que eu havia contado a ele, eu considerava apenas que era uma história que me surpreendia ou me divertia. Lembro-me, particularmente, de uma cena de trepada, sobre o capô de um carro, que eu ficara muito surpresa de reencontrar, anos depois de ter contado isso a ele e de ter esquecido (rejeitado?) que contara. Mas nunca o teria interrogado para saber que razões o fizeram escolher um fato e não outro. Para isso foi preciso que C. parasse de piscar.

Pulsão

Nunca me interessei muito por belos mosaicos nem pelas mais refinadas marchetarias. Mesmo quando se trata de espaços em perspectiva, como as complexas madeiras ornadas do *studiolo* do palácio ducal de Urbino, onde as superfícies trabalhadas envolvem o visitante numa falsa arquitetura de pilastras e painéis, fazendo com que ele simultaneamente acredite tratar-se de nichos e estantes cheios de livros e de objetos estranhos que seu olhar gostaria de percorrer, e também de janelas pelas quais esse olhar gostaria de escapar para uma paisagem de planície, não consigo me abstrair do fato de que tudo é composto de um grande número de pequenos elementos solidamente justapostos. Não existe ar circulando entre eles; percebo com dificuldade a abertura ilusória da parede e a representação me parece compacta, tão vedada quanto uma parede de ladrilhos qualquer.

As quimeras surgidas do fundo dos bolsos e das gavetas de Jacques não se limitaram a acompanhar meu onanismo, invadiram também todos os espaços livres do meu pensamento. Eliminaram a deriva, o acaso, a esperança, tudo aquilo que coloca um pouco de diversão no mecanismo da vida cotidiana. Sempre que eu me preparava para dormir ou para me levantar, elas me torturavam; na rua, a menor semelhança entre uma mulher que passava por mim e uma daquelas que Jacques frequentava, assim como um objeto na vitrine — um livro sobre o qual eles tinham comentado, uma joia que eu supunha, a partir de não sei qual interpretação da sua personalidade, que ela poderia usar —, desencadeava, imediatamente, a retomada da narrativa. E eu só esperava uma coisa, voltar a mergulhar nela, antevendo os momentos do dia em que não teria nada para fazer. O trajeto entre a casa e o escritório propiciava intervalos de tempo oportunamente longos que logo foram colonizados por esses pensamentos. Eu ia deixando de lado minhas leituras habituais. Não me interessava mais pela população cansada do metrô com a qual eu gostava, até então, de compartilhar um estado de abandono. Senti um incômodo semelhante àquele que descrevi a propósito da masturbação: a presença de outras pessoas era um entrave. Se o desconhecido sentado ao meu lado desviasse minha atenção, espirrando ou falando um pouco alto, eu me irritava. Ele provocava a suspensão do devaneio, obrigava-me a rebobinar. Eu já deixara há algum tempo de ter relações sexuais com aquele amante lunático que citei, e essa outra obsessão tomava justamente o lugar dos devaneios com os quais eu compensara a pouca frequência dos nossos encontros. Diferentemente desses, no entanto, bem como de todas as outras ficções informes que haviam me acompanhado ao longo da vida, eu não era mais a heroína; não era nem mesmo a espectadora que um ator principal deve levar em conta; eu era a figurante que esse protagonista ignora, despreza. Eu não fantasiava mais a minha vida sexual, fantasiava a de Jacques. Na minha bolsa havia sempre um ansiolítico leve. Quando a dor apertava, eu colocava disfarçadamente um comprimido sobre a língua, o que bastava para eliminar a opressão. Havia em mim alguma coisa do alcoólatra que, com a melhor boa-fé do mundo, finge que só bebe um copo à mesa, quando na verdade escondeu cuidadosamente em vários lugares, atrás de pilhas de roupas de cama ou de louças que não são mais usadas, uma reserva de garrafas. Como eu poderia querer me curar se a mesma obsessão que preenchia o espaço da minha imaginação me oferecia, ao mesmo tempo, a única perspectiva que poderia se abrir, aquela que dava para a imensa planície, o território a ser desbravado da vida de Jacques?

Eu dispunha de informações suficientes para imaginar Jacques em múltiplas circunstâncias além dos episódios eróticos: viagens que eram do meu conhecimento, mas cujo objetivo eu não sabia se era outro — passar alguns dias em companhia de uma mulher —, jantares, noites nas quais ele teria ido com uma ou outra à casa de amigos que eu conhecia bem, ou pessoas que eu não conhecia nem desconfiava que ele conhecesse, o que estendia em torno dele uma rede de atividades e de relações às quais eu não tinha fisicamente acesso, fazendo com que ele emitisse um eco sem fim de gestos, de palavras, de hábitos completamente banais e misteriosos que eu reconstituía sem hesitação. Em duas ou três ocasiões, Jacques, que não tem a mesma precisão de memorialista, tentou fazer com que eu me lembrasse de uma noite em que eu não estivera presente, convencido de que era eu que o acompanhava. Pensando bem, eu poderia encontrar um consolo no fato de que um reflexo da minha pessoa tenha coberto o de outra na sua memória. Mas era a outra opção que se impunha imediatamente. O vasto receptáculo que constituía a vida que passamos juntos se retraía, e o engano de Jacques abria uma nova e minúscula válvula por onde um pouco mais do ar respirado em comum era expulso. Posso dizer que eu sentia fisicamente, em uma dobra do meu corpo, a válvula se fechando depois da passagem da bolha.

A partir de então, passei a viver numa gaiola da qual via Jacques ir e vir, e esporadicamente desaparecer no horizonte, sem poder ir ao encontro dele e compartilhar seu espaço. Se ele atendia ao telefone e começava a conversar afastando-se de mim, não sem ter tomado a precaução de logo dizer: "Ah! Bom dia! Catherine está aqui ao meu lado, estamos...", ou se ele desligava, resmungando que era um engano, eu não só tinha certeza de que era uma das suas amigas, como também, a partir de duas ou três palavras captadas por meus ouvidos imobilizados, atribuía imediatamente a essa mulher uma identidade e uma presença física definidas. A visão espontânea produzia, para dizer a verdade, quase sempre o mesmo retrato padrão, uma fusão de diferentes modelos extraídos de vagas lembranças, como se eu já a tivesse encontrado ou visto em fotografia, ou tivesse lido uma descrição de seu corpo feita por Jacques: uma garota bem jovem não muito magra, cabelos castanhos... Assim como acontecia quando vasculhava o escritório dele, minha respiração encurtava e o coração era tomado por uma breve taquicardia.

A gaiola foi ficando cada vez mais estreita. Um dia, Blandine foi à nossa casa para fazer algumas tomadas de um filme; ela precisava de um cenário como o da nossa casa e da participação de Jacques. Eu me tranquei para trabalhar no cômodo que me servia então de minúsculo escritório. De repente, Jacques abriu a porta para pedir que fosse ajudá-los a passar, eventualmente, algumas falas. Sua atitude me pareceu de uma extraordinária crueldade. Eu podia abrir a porta para Blandine, dar-lhe bom-dia, mas não podia penetrar no espaço que ela ocupava junto a Jacques, como se ele continuasse morando no mesmo pequeno apartamento onde, numa época agora distante, ficamos um diante do outro pela primeira vez, e no qual, de fato, não havia espaço para três pessoas. O perigo era cair no próprio espaço dos meus pesadelos. Certamente, eu não precisava temer nem de um nem de outro uma atitude ambígua que me deixasse pouco à vontade, mas, retrospectivamente, acho que o que me aterrorizava era talvez o risco de transpor minhas elucubrações para suas pessoas reais. Como saber se não seria eu que os empurraria para o sofá a fim de concretizar a troca sexual mil vezes imaginada, antes de me retirar, implicitamente expulsa, como previa um dos meus roteiros? Afinal, eu tinha participado, no passado, desse tipo de situação, e sabia como fazer, por exemplo, em orgias mais ou menos improvisadas, o papel da aprendiz de cafetina que conduz uma mulher a um homem. Por duas ou três vezes eu fizera isso com Jacques, provocando uma situação triangular com uma de minhas amigas; tinham sido, aliás, as poucas vezes em que eu não fora capaz de sustentar meu papel até o fim, acabando por me mostrar agressiva. Será que eu poderia então ter provocado a cena e, em vez de desfrutar melodramaticamente da minha exclusão, a fantasia teria ido ao encontro dessas tênues lembranças e fracassado? O mais provável é que nada tivesse acontecido, e, nesse caso, eu teria ficado diante da obrigação de abandonar minhas fantasias e de me conformar com a realidade paradoxal das falsas aparências: Jacques e Blandine teriam adaptado seu comportamento em função da minha presença, e eu mesma, hipocritamente, teria agido como se não desconfiasse de nada. Não demoramos, às vezes, a abrir os olhos, quando despertamos de um pesadelo? Não por medo de que o sonho continue, mas, pelo contrário, por medo de ter que sair dele, porque no fundo não queremos deixar o conforto de um sofrimento sufocado, e preferimos mantê-lo o maior tempo possível numa zona de semiconsciência, pois num recôndito ainda mais profundo de nossa psique sabemos que ele é, de qualquer forma, inevitável. Evidentemente, não pensei em nada disso quando respondi a Jacques de forma muda, com uma expressão de horror que o irritou. Continuei olhando para o computador.

Jacques e a teoria das fantasias tomavam conta de tudo, só me restando a aura do meu próprio corpo. Por exemplo, alguns fios de cabelo encontrados no fundo de um dos meus capacetes de moto, de um comprimento que não correspondia aos meus, impediram-me de usá-lo novamente. A partir daí, vi-me fazendo os gestos automáticos com os quais abria o portão da garagem quando voltávamos de um passeio — girar a chave na fechadura, abrir um dos batentes, levantar do chão o trinco que bloqueava o outro batente, ficar na ponta dos pés para abaixar o trinco de cima, finalmente abrir totalmente esse batente para que a moto pudesse passar —, encaixada na silhueta de uma outra, que certamente tinha aprendido a fazer os mesmos movimentos quando estivera ocupando a casa. Ainda hoje, não é raro que ao realizar esses gestos eu aja com o mesmo cuidado de um aprendiz de ator que repete o mais exatamente possível as posições que o professor acaba de mostrar, ou até mesmo se coloca atrás dele para reproduzi-las como uma sombra, um eco imediato. Até o banheiro tornou-se território ocupado. Muito tempo antes, Jacques me pedira para não esquecer de enxugar as bordas da banheira depois do banho, porque ele temia uma infiltração na parede.

Eu sempre executara esse gesto de forma cuidadosa e maquinal até me perguntar, um belo dia, se a mesma recomendação tinha sido feita a outras eventuais usuárias do banheiro, e se elas a seguiram. A partir desse dia, cotidianamente, ao final do banho, eu refazia aquele gesto, agora acompanhado, ou melhor, precedido, do gesto de outra. O resultado eram alguns minutos de prostração. Absorta na visão, eu não podia mais imprimir nenhum movimento ao meu corpo e, às vezes, as lágrimas escorriam, pois tinha que desistir. As lágrimas também vinham, regularmente, do encontro com o meu reflexo num pequeno espelho portátil que eu usava para me maquiar e retirar a maquiagem. Eu tinha muita dificuldade em sustentar meu próprio olhar por causa de uma confusão que me invadia, mistura dessa nostalgia culposa que sentimos ao ver o retrato de uma pessoa morta que amávamos muito e que olhamos muito rapidamente, com medo de constatar a que ponto seus traços já ficaram esquecidos, e da vergonha que se abatia sobre mim porque o olhar que eu recebia de volta era o olhar transtornado daquela que eu considerava então uma pobre neurótica. Isso porque a faculdade de recuo em relação à minha própria pessoa nunca me deixou completamente, nem mesmo nos piores momentos. Meus olhos mergulhavam em olhos esvaziados de toda e qualquer expressão pela ação simultânea e contraditória de sentimentos de pena e desgosto, e acredito que eu não via os limites do rosto.

As pequenas ficções que narrei, alavancas do meu prazer solitário, foram as primeiras provas flagrantes da captura da minha imaginação. Curiosamente, nesse terreno do prazer imediato, tentei lutar para recuperar minha liberdade de fantasiar. Geralmente, eu começava a me acariciar indo buscar inspiração, de forma voluntarista, no meu antigo registro, mas não havia nada a fazer, nem mesmo as tramas mais corriqueiras conseguiam me excitar o bastante, e era com raiva, com a nítida consciência da minha subordinação imbecil, que eu me lembrava de uma ou outra cena protagonizada por Jacques e uma de suas amigas. Eu tentava preservar uma clara noção de quanto tempo se passava enquanto me sujeitava desse modo até as profundezas da minha imaginação. Se pudesse riscar pequenos traços nas paredes da minha cela imaginária, eu o teria feito; ia contando em meses, depois em anos, sem saber se um dia retornaria a mim mesma naquilo que é por excelência o ato sexual individual.

Não tive a mesma clareza, inútil, é verdade, em muitas outras esferas do meu universo simbólico, que foram progressivamente sendo confiscadas. Nesse universo, o vilarejo de Illiers-Combray,* que Jacques conhecia bem porque passara a infância na região, era um grande cruzamento de significados e emoções. Fomos lá em várias ocasiões, a primeira na companhia dos pais dele, depois na de amigos próximos. Com a ajuda de um deles tiramos uma foto, na qual figuram nossas silhuetas, destinada à capa de um livro de Jacques. Posamos, eu e ele, na entrada de um pequeno hotel cujo enigmático letreiro — como poderíamos não ter prestado atenção? — era "Hotel da Imagem". Devo dizer que eu havia lido *Em busca do tempo perdido* e começado a gostar de Proust durante o primeiro verão que passamos juntos. No rio que nos atravessa, que banha nossos

---

* Vilarejo onde o escritor Marcel Proust passou parte da sua infância. (N. da T.)

sentimentos e deposita a enxurrada das nossas lembranças, as águas misturavam em mim as impressões provocadas pela leitura das lembranças da infância do narrador com aquelas saídas do romance subjetivo que eu elaborava ouvindo Jacques evocar sua própria infância e, finalmente, com as da nossa vida em comum, cujos marcos se inscreviam ali, materialmente modestos, mas cheios de emoções. Ora, não só Jacques havia feito essa mesma excursão na companhia de L., como também aproveitaram a ocasião para alugar um quarto no albergue do Moulin de Montjouvin. Pois eu não tinha, por minha vez, imaginado secretamente o projeto de uma escapulida como essa para nós dois? A descoberta de que alguém passara a minha frente me surpreendeu quando eu ainda esperava o momento oportuno para sugerir a ideia. Imediatamente, a representação sugerida pela página da caderneta que me tornou ciente da viagem fez da paisagem do charmoso hotelzinho do campo um irônico lugar-comum de uma história de adultério. Ela se impôs, impregnada da famosa passagem na qual a amiga da senhorita Vinteuil, enlaçando-a, provoca-a num perverso jogo, ameaçando cuspir no retrato de seu pai morto, cena que Proust situou na sua própria casa, que ele chama de Montjouvain. Desde a primeira leitura que fiz, a descrição desse comportamento me tocou tão profundamente que tive que ler esse trecho outra vez, sem ter certeza se havia compreendido bem, e tentando verificar se não houvera, da minha parte, um excesso de interpretação pessoal. Naquilo que se tornou uma das minhas fantasias mais fortes, não chegava a reproduzir uma cena idêntica, mas a transformava num ato grosseiro e exagerado: eu amarrava fortemente Jacques nas costas da mulher de quatro sobre uma cama, em pleno dia, com a janela do quarto aberta para o parque, e me limitava a fazê-lo dizer, enquanto ele sacudia brutalmente a bunda para a frente e para trás com a força de alguém que tenta abrir uma gaveta emperrada, que nunca uma mulher o fizera gozar tanto. Era muito desprezo para comigo mesma, o espetáculo terminava ali. Eu dosava o sofrimento que me era infligido, como fazem os adeptos do sadomasoquismo, que sabem chegar ao limite daquilo que seus corpos podem suportar sem esmorecer, a fim de não comprometer a busca do prazer. Cuspir sobre a minha fotografia teria sido talvez tão insuportável que me obrigaria a interromper o devaneio. Talvez só me permitisse ter um prazer masoquista passando por esse tipo de representação quase burlesca, assim como a senhorita Vinteuil, que Proust considera virtuosa, só se permite esse prazer fazendo-se de má.

Houve muitas imagens superpostas de forma perturbadora. Alguns anos antes, indo de moto por uma estrada de montanha, havíamos percebido, lá embaixo, um casal nu que tomava banho num rio, provavelmente turistas, e durante o breve instante em que durou a visão tínhamos nos divertido e comentado com admiração sobre o corpo da mulher, alta e atlética. O caráter quase clássico dessa cena era tão belo que ela ficou gravada por muito tempo, embora nada me ligasse a ela, nem uma predileção pelo lugar, nem que Jacques e eu tivéssemos nos lembrado dela, mais tarde, sob qualquer pretexto. Pois eu pensei tê-la encontrado novamente no diário de Jacques, idêntica, mas sob a forma de uma pequena aventura cujos protagonistas eram ele e uma tal de Dany. Ele a situava exatamente no mesmo lugar, na estrada de Serrabone. Fazia muito calor, ele tinha estacionado a moto e os dois desceram até o rio, banhando-se completamente nus na "água gelada". Será que acrescentei alguma coisa à minha leitura? Parece-me que a cena terminava com uma transa bucólica. Não tenho explicação para esse deslocamento desconcertante de um acontecimento observado por mim e por Jacques como espectadores para o espaço da vida que ele vivia sem mim. Será que a visão dos banhistas também o teria marcado, a ponto de ter tido vontade, depois, de imitá-los? Teria sido eu que fabricara uma falsa lembrança, a partir da narrativa de Jacques? Ou foi ele que imaginou tudo isso, misturando a lembrança ao seu desejo? Era assim que fatos, colocados por meu cérebro na zona das lembranças, eram transformados em premonições dessa parte da vida de Jacques que me escapava. Em outros tempos, achariam que alguém tinha me rogado uma praga, como o lenhador do conto cujos pensamentos impulsivos fazem surgir metros de linguiça que grudam no seu nariz: assim que eu formasse certas representações mentais, elas seriam tão inocentes quanto a lembrança de um passeio de férias, e se realizariam num ato de Jacques que viria alimentar a quantidade de minhocas que fervilhava na minha cabeça.

Aquilo parecia uma novena recitada pelo diabo: o rosário dos pensamentos comuns ia se sucedendo e, a intervalos regulares, a conjuntura entre uma circunstância qualquer da vida cotidiana e um episódio também pouco importante da outra vida de Jacques abria para uma perspectiva dolorosa na qual eu mergulhava tanto quanto um místico no êxtase. Ele tinha que esperar uma amiga na estação de trem? Então eu o via indo buscar uma outra, e acompanhava mentalmente o gesto de Jacques pegando a bagagem dela, o beijo que lhe dava no canto dos lábios. A luneta estava ajustada de tal forma que, assim como nas fantasias masturbatórias, eu me concentrava, principalmente, nas posições do corpo de Jacques e no seu rosto, que eu via como um fosfeno. Ele me propunha um passeio; eu entrava em pânico, como se tivesse que ir sozinha e, ao encontrá-los no meu caminho, não conseguisse decidir entre fugir, esconder-me ou passar por eles. Isso acontecia com tanta frequência que acabei vivendo uma parte do tempo ao lado de um homem que era essencialmente o resultado da minha imaginação e, apesar de tudo, um desconhecido que me fascinava. Meu olhar interior não o deixava. Era como sonhar acordada, mas, da mesma forma que, quando sonhamos durante o sono, somos às vezes atraídos por um objeto que não podemos alcançar por estarmos presos por algo viscoso, eu também era incapaz de ir ao encontro daquele Jacques, o que só atiçava minha curiosidade e aumentava minha tristeza.

Essa outra vida de Jacques sonhada por mim era um éden no qual parecia que ele tinha apenas prazer, sem segundas intenções, sem culpa nem ressentimento, sem ser justificado ou julgado por nenhuma instância sentimental ou moral — sem consciência da minha existência. Seus atos eram arbitrários, de uma lógica que permanecia para mim profana e totalmente enigmática. Seu personagem não tinha nenhum relevo. Mesmo quando havia dissimulação da parte dele, mentiras, enganos, a narrativa não dava nenhuma explicação psicológica para isso (que Jacques quisesse me punir, por exemplo, ou vingar-se de algo que eu tivesse feito), tudo era fruto de um mecanismo transcendente. Meu espanto só se comparava ao sentimento que eu tinha, ainda criança, quando me falavam dos mandamentos impostos aos homens pelos deuses antigos sem que aqueles pudessem compreender o motivo. Eu havia transformado Jacques em um mito.

Procurei as cartas recebidas no início da nossa relação e lidas, na época, apressadamente; desta vez, sublinhei as passagens com caneta vermelha. Como era possível ligar aquele cujo amor refutava a "lógica do casamento", e dizia ser "impossível dar início ao ciclo das pequenas covardias e compromissos", com aquele que tinha organizado e preenchido seu tempo à minha revelia? Que para poder compartilhá-las com outras, tinha transformado nossas moradias em lugares que agora me pareciam muito mais dele do que meus; que os passeios que fizéramos juntos e que tornávamos a fazer podiam agora lembrar a ele prazeres dos quais eu não participara, e que sua memória aproximativa misturava talvez com os nossos. O que queria dizer aquele que escrevera: "Todas as mentiras são de ordem sexual. A ética só tem a ver com o sexual. Não digamos mentiras, não escondamos nada um do outro, um real pernicioso acaba sempre revelando as coisas e isso termina em catástrofe", quando teve que se ausentar por uma razão que eu certamente ignorava? Sozinha, eu não conseguia conciliar um e outro. Eu não contestava o conteúdo das cartas cuja total compreensão eu havia deixado de lado quando chegaram, e que continuavam a enunciar verdades sobrenaturais para as quais eu ainda não estava pronta. E minha confiança em Jacques permanecia ao mesmo tempo por demais ancorada para que eu pudesse desconfiar que ele usara de cinismo quando as escrevera, ou, mais tarde, de inconsequência ou traição. Eu ficava então na expectativa, tão absurda quanto sincera, de que ele colocasse a narrativa das suas relações com suas amigas na própria lógica dos argumentos que ele me apresentara. Eu pedia explicações intermináveis. Falávamos durante o jantar, deitados lado a lado no meio da noite, ao telefone, quando ele estava na casa do sul e eu em Paris, às vezes a partir de uma carta que um escrevera ao outro, em sessões que poderiam durar horas. Às vezes conversávamos calmamente, mas geralmente, pois eu tinha absoluta necessidade de descobrir sua pessoa inteira, eu agia como uma bússola enlouquecida. Começava sacudindo a cabeça de um lado para o outro, ou agitando as mãos, depois o corpo todo, e os soluços esvaziavam o corpo. Chamávamos isso de "as crises". Para designar todo o período durante o qual elas ocorreram, não mais de três anos, dizemos "a crise".

O desenrolar de uma crise era sempre idêntico. Ou minha espionagem fizera aparecer um novo detalhe da vida mítica de Jacques ou então, como acabo de dizer, um incidente mínimo me fazia lembrar brutalmente de um episódio, de uma imagem. Uma coisa ou outra se impunha como uma alucinação. Estamos trabalhando, as ideias correm. De repente, a visão interior de uma fotografia interrompe o raciocínio e a atenção se volta para o fantasma de uma mulher debruçada sobre uma balaustrada, diante do mar, os cabelos se soltando de um lenço mal-amarrado. Espantamos a visão, relemos a frase deixada em suspenso na tela do computador, mas não adianta, estamos focalizando a balaustrada para tentar identificar o lugar, balaustrada do tipo daquelas antigas, construídas em residências de gosto um pouco pretensioso. Dizemos que vamos olhar novamente aquela foto mais tarde, para buscar a explicação. E depois, sem trégua, é naturalmente o largo casaco elegante que envolve a mulher o verdadeiro foco de obsessão, ferro em brasa que cintila na imagem em preto e branco. Nos espaços de tempo em que o trabalho toma conta da imaginação, digamos, menos do que aquilo que erradamente chamamos de distração, eu tinha apenas uma atividade intelectual entrecortada que avançava através de segmentos que conseguiam escapar do peso desses simulacros.

Eu não pensava em conduzir minhas investigações sobre a vida mítica de Jacques de outra maneira que não sozinha — nunca teria pedido ao interessado para se explicar livremente, pois precisava demais dessa solidão laboriosa e clandestina, tanto quanto de encontrar provas materiais que, por pudor, ele não teria me apresentado —, mas, estranhamente, também não queria produzi-las para embaraçá-lo, acusá-lo. Desde os primeiros incidentes, sem premeditação, guardei minhas descobertas inicialmente em segredo, na esperança de que ele lesse em mim as feridas que elas haviam deixado; eu esperava que ele tomasse a iniciativa de cuidar delas, esperava a prova de um amor tão perfeito que supunha que Jacques fosse capaz de sentir por telepatia aquilo que eu sentia. O que era imperativo, inexplicável, era que sua resposta só podia ter valor se precedesse a minha pergunta. Passei muito tempo assim, encadeando na minha cabeça, por trás da intriga mortificante, o consolo que Jacques me daria e que demonstraria que eu era tão transparente para ele, ou seja, tão cândida na minha dor — e de fato eu tinha vivido até então sem que nenhuma desconfiança tivesse me preparado para isso, portanto, sem que nenhum mecanismo imunológico tivesse tido tempo de ser criado —, que ele poderia imediatamente, por intuição, adivinhar a causa. Paralelamente às fantasias nas quais eu fazia com que ele adotasse a atitude mais desprezível em relação a mim, ou seja, que me ignorasse totalmente, eu desenvolvia outras fantasias nas quais sua atenção demonstrava, pelo contrário, uma sensibilidade milagrosa, a acolhida de um santo. Ao me ajudar a fechar as feridas,

Jacques poderia com isso reunir suas duas faces. Ou seja, eu teria que esperar muito tempo.

Felizes as imaginações pobres! Felizes aqueles para quem os signos revelam seu significado sem que tenham que se debruçar sobre o Talmud e a Massorah, aqueles que agem sem prever as mil consequências de seu gesto e antecipam a resposta a todos os atos, aqueles que não refazem o passado nem são supersticiosos, aqueles que nunca falam consigo mesmos usando a voz de seus opositores... Quantas vezes, aliás, Jacques não me criticou por não me contentar com o presente? Poderia ter respondido que meus diálogos com ele, ininterruptos, dilatavam o presente, pois eu os prosseguia interiormente. Depois disso, eu o pegava de surpresa, pois ele havia esquecido a briga anterior, enquanto eu continuara a argumentar silenciosamente e finalmente encontrara a resposta exata para uma das suas observações. Eu preparava minhas frases como se fosse dizê-las em público, formando-as com antecedência, prestando tanta atenção à exatidão das palavras que às vezes ia verificar seu significado em um dicionário. Geralmente era perda de tempo; como não tinha acompanhado, é claro, meu raciocínio interior, Jacques achava que eu falava através de enigmas. Então eu improvisava e, debatendo-me com palavras inadequadas, mergulhava novamente nas areias movediças da incompreensão recíproca.

Quantos estratagemas eu não inventei para fazer com que ele soubesse, sem dizer nada, que aquela foto (que ele mesmo talvez se surpreendesse de encontrar no fundo de uma gaveta por onde sua mão quase nunca se aventurava) havia chegado até meus olhos, e que eu não estava pedindo nada, não mesmo, a não ser um pequeno complemento das informações sobre a pessoa, a data aproximada da foto e o lugar onde ela fora tirada, a duração da relação — nada além de fatos. Se eu achava ter reconhecido o lugar, tudo era motivo para fazer alusão a ele, como se Jacques tivesse que aproveitar a ocasião para me falar daquela que ele levara até lá. Ou então eu perguntava se por acaso ele não preferia as mulheres de cabelos longos às de cabelos curtos, como eu. (Se ele respondesse de maneira insensata que, é claro, não havia nada mais sensual do que passar os dedos pelos cabelos daquela mulher, que se chamava Françoise e com quem, a propósito, ele passara por aquela estrada que eu conhecia muito bem — será que eu não teria sentido aquela mesma dor particular à qual conduziam minhas fantasias, isto é, a constatação da minha exclusão?) Eu achava que podia adivinhar a época da foto. O desvio podia ser ainda mais sinuoso; eu evocava as dificuldades pelas quais estaria passando naquele momento, a assistência moral da qual estaria precisando, e esperava estupidamente que Jacques, sentindo-se culpado, me confessasse a razão pela qual não percebera minha angústia. É claro que nada disso acontecia, e depois de ter adiado ao máximo minha própria confissão, psicologicamente cansada do diálogo com a aparição sobre a foto, as palavras me escapavam: "Encontrei uma foto no fundo da gaveta."

Uma das vantagens do sonho é a perfeita impunidade da qual nos beneficiamos, quaisquer que sejam as atrocidades que cometamos ou a indecência que demonstremos. Eu estava tão mergulhada na pesada atmosfera da minha obsessão que não vi, imediatamente, a que ponto Jacques estava magoado com a minha intromissão nos seus papéis mais íntimos e com a minha hermenêutica aleatória sobre seus livros. Era como se eu estivesse vasculhando seu inconsciente. Foi preciso que ele se manifestasse, em uma das novas cartas que me enviou, sobre os "estragos" causados pela "minha intrusão naquilo que era mais precioso para ele (além da nossa vida em comum), seu trabalho de escrita e as fantasias das quais ele se servia"; ele teve que escrever com todas as letras a que ponto estava "vazio e abatido", para que eu começasse a tomar consciência disso. Antes, eu nunca duvidara de que aquele que tudo via em mim não me explicasse tudo e não perdoasse tudo.

A ideia fixa me deixava de cara amarrada durante vários dias, impedindo-me de aceitar um convite (pessoas à casa das quais Jacques tinha ido com uma das suas misteriosas acompanhantes), de usar um objeto (porque ela o havia tocado). Eu vivia como um doente cujos gestos lentos não ultrapassam a largura da cama, entorpecida, limitada por um conjunto de tabus que deveriam ser cada um mais incompreensível do que o outro aos olhos daquele que me observava e reconhecia todos os sinais prenunciadores de uma crise. De modo geral, quando eu finalmente me exprimia explicitamente, numa frase, na última expiração daquela que acabava de realizar um esforço terrível, olhando para o vazio, pois naquele exato minuto era apenas uma partícula em suspensão esperando ser identificada, a reação de Jacques era imediata. Nem sequer uma só vez ele respondeu à minha pergunta, ou pelo menos à minha expectativa. Ele citava meus próprios casos, o fato de que eu nunca deixara de frequentar orgias e, principalmente, que, durante longos períodos, meu desejo me levara para outro lugar e me afastara dele. Devo dizer que, se eu estava interessada nos detalhes e no exame das suas relações com outras mulheres, ele mesmo atualizava a lista dos meus amantes. A leitura das cadernetas me revelara que ele desconfiava de alguns, mas o método que eu adotara sem pensar muito me impedia de falar disso com ele imediatamente. Uma atitude leal teria sido talvez colocar as revelações a serem feitas num plano de igualdade e, ao tomar a iniciativa de falar, pedir a ele que também o fizesse. Mas, como já expliquei, eu esperava primeiro que ele "adivinhasse" perguntas que eu não formulava e respondesse espontaneamente, e, às vezes, não por querer ser honesta, mas para levá-lo indiretamente a fazer confidências, eu resolvia dizer que tinha tido relações sexuais com fulano ou beltrano, quase sempre confirmando suas suspeitas. Eu fazia concessões para tentar penetrar um pouco mais na cosmografia dele.

Um balanço negativo — "aquilo que você escondeu, aquilo que você não entendeu, aquilo que eu não pude lhe dizer, aquilo que não deu certo..." — é o que sempre fazem os casais que brigam. Eles não percebem que a linha divisória que estabelecem no seu livro de contas é também uma linha de junção. Qualquer que seja a solução para o conflito, quer o casal perdure ou não, os momentos, as ações nos quais cada um deles acredita que estiveram separados constituem uma zona certamente maldefinida, percorrida, porém, pelo zigue-zague de uma sutura. É um recurso muito usado nas comédias teatrais. Um personagem entra pela porta do jardim, enquanto aquele por quem procura sai por outra porta, uma divisória os separa, mas deixa passar, se for preciso, a voz ou o olhar, e os mal-entendidos. Em raras ocasiões no passado, indícios daquilo que eu não sabia da vida de Jacques chegaram até mim. Eu já disse: não chamaram a minha atenção antes, e só naquele momento surgiam claramente. Entre eles, houve um gesto furtivo de Jacques para com uma de suas amigas. Uma peça de teatro que ele escrevera foi encenada no interior, e um ônibus tinha sido fretado para que seus amigos pudessem assistir à estreia. Éramos muitos, a excursão fora agradável, inclusive quando voltávamos a Paris, tarde da noite. Chegamos ao nosso destino e, no claro-escuro dos lampiões da place de la Nation, vi Jacques acariciando com o dorso do indicador o rosto de uma jovem adormecida, no fundo do ônibus, para tentar acordá-la. Reconheci um carinho que ele me fizera no nosso primeiro encontro. Eu mesma tinha feito todo o trajeto sentada ao lado de F., um de meus amigos amantes, e tínhamos nos excitado o tempo todo numa amável discussão estética. No dia seguinte, no seu diário, sob um resumo lapidar da viagem, Jacques havia anotado: "Dúvidas sobre Catherine. História com F.?" Quanto a mim, eu não notara nada, vi a cena, interpretei-a naquele instante e imediatamente a rejeitei para a memória profunda, serenamente como se a janela traseira do ônibus fosse uma tela de cinema. Mas agora eu a recuperava, e no espaço exíguo de um ônibus, sob o teto baixo que obriga os ocupantes a se inclinarem uns sobre os outros quando se deslocam, num movimento que parece um gesto de carinho e proteção, nossos gestos e nossas palavras, minhas e de Jacques, e também as que nos eram dirigidas, tomavam consistência e se cruzavam, e nos roçávamos os quatro num voo de morcegos. A peça de teatro evoluía para uma estranha troca velada entre dois casais, na qual as atitudes e as palavras, às quais devemos acrescentar os olhares que manifestam, sem necessariamente formulá-los, o desejo e os sentimentos entre os seres, circulavam de um para o outro.

Não escolhemos os amantes e as amantes daqueles que amamos, assim como também não escolhemos nossas famílias, e essa espécie de proximidade sexual à qual obrigam certas revelações é vivida às vezes como um involuntário comprometimento, uma mácula, uma corrupção da nossa parcela de amor físico. Desde muito cedo deixei por conta do acaso uma parte dos meus encontros sexuais e, em consequência disso, aprendi a não ser muito vigilante nesse campo. Por isso certamente não fiquei tão magoada quanto Jacques com aquele tipo de proximidade. Ele, por outro lado, se encontrou diante de um leque heterogêneo de representantes da humanidade cuja companhia ele nem sempre apreciava. Vi que ele passou do abatimento ao nojo, e à sincera indignação, quando confirmei que dormira com alguém que ele achava totalmente ridículo, ou com alguém que ele temia ser uma fonte de problemas, ou ainda com aquele amigo que ele achava não ter agido com ética. Lembro-me exatamente da posição do meu corpo e do aspecto da sua fisionomia quando articulei alguns nomes próprios, baixando o tom da voz, e na forma quase interrogativa que tomamos quando acrescentamos uma frase incidente na conversa para ter certeza de que o interlocutor conhece o assunto: "Você sabe do que eu estou falando? Você se lembra do fulano?" Certa vez, principalmente, na entrada do quarto, ele parado no começo dos degraus que levam ao andar de cima, eu já entrando pela porta do aposento, captei seu olhar, em que se misturavam todos esses sentimentos. Da mesma forma que aconteceu quando me preparava para deixar definitivamente o apartamento que dividia com Claude, acontecimento do qual só guardei a visão da mala aberta sobre a cama, será que minha percepção visual não funcionou naquele momento exatamente para que a imagem na qual ela se fixava repelisse outras imagens e outros pensamentos que teriam sido intoleráveis, como alguma circunstância luxuriosa que o nome pronunciado pudesse evocar e que eu rejeitava, como se Jacques pudesse vê-la se fixar acima da minha cabeça como um obsceno balão de história em quadrinhos? E não seria igualmente necessário que esse enfrentamento com Jacques deixasse em mim uma impressão confiável e persistente para que, mais tarde, fosse possível analisá-la?

Entretanto, quando Jacques contrapunha minha própria conduta às minhas insistentes perguntas sobre a dele, suas palavras me faziam mergulhar na perplexidade, como se, bruscamente, ele tivesse me tomado por outra mulher e fosse preciso mobilizar todo o meu raciocínio para não as considerar injustas. Por acaso ele não sabia que eu usara meu corpo como num passeio despreocupado e, às vezes, de modo negligente? Que eu agira como o verdadeiro marinheiro que responde ao apelo do oceano, e com o espírito rudimentar no qual as escalas, uma vez concluídas, vão para aquela região indefinida onde as lembranças acabam se misturando aos sonhos? Minha vida estava tão bem-compartimentada, e todas as relações sexuais, duráveis ou passageiras, tão bem envoltas pelos produtos da minha imaginação que, afinal, paradoxalmente, não eram os caminhos tomados pela carne que me fizeram tocar o real, e sim os devaneios que conduziam as aventuras do corpo. Se tivessem me interrogado, eu teria respondido que meu único vínculo com a realidade era aquele que eu havia estabelecido há muito tempo com Jacques. Essa parceria estava consolidada pela impressão de que nenhuma peripécia afetara nem minha vida profissional nem minha vida com ele, e que eu nunca tinha pensado que pudéssemos nos separar, e essa era a única realidade que contava.

Jacques me chamou a atenção para o fato de que o modo de conduzir minha vida sexual havia certamente contribuído para distender nosso próprio vínculo, embora de modo talvez menos mecânico do que parecia. Não foram tanto as minhas peregrinações que me tornaram menos atenta em relação a Jacques, e sim uma mudança lenta e gradual do meu comportamento. Uma pequena frase que eu dissera, muito tempo antes, atravessou de novo meu pensamento. Vivíamos juntos há relativamente pouco tempo. Fazíamos um passeio com um casal de amigos. Não sei mais sobre o que conversávamos, de forma descontraída; provavelmente sobre histórias de sexo, pois de repente exclamei: "Jacques me escolheu acreditando que eu era obcecada por sexo, mas não teve sorte, não é nada disso!" Falei de brincadeira, e nossos amigos, provavelmente a par do meu modo de vida, não pareciam ter me levado a sério. E eu mesma, se tivesse refletido um pouco, teria me perguntado o que poderia ter me levado a dizer uma frase daquelas, na qual eu não acreditava nem um pouco, pois sabia que se eu não era uma "obcecada por sexo", pelo menos estava muito disponível, portanto era mais ativa do que outras pessoas nesse aspecto. Porém, eu não só pronunciara essa frase, como a guardei na memória, apesar do seu tom de brincadeira. Será que eu já não tinha a consciência extremamente tênue de que, na verdade, alguma coisa estava se transformando na minha libido? Já disse como fui me ajeitando com as regras contidas nas antigas cartas que Jacques me escrevera, e como tinha tornado a culpa mais leve, certamente engendrada pela dissimulação, atribuindo minhas aventuras àquela que era em mim uma sobrevivente de uma época anterior à nossa vida de casal. Se eu distinguia uma Catherine "de antes", era porque existia uma outra, no presente, que começava a considerar com algum distanciamento sua filosofia — mas a palavra é enorme — libertina. Eu não tinha mais as mesmas razões para defendê-la quando escrevi aquela carta exaltada a Jacques, sozinha na casa dele, sob o efeito da primeiríssima descoberta de que uma outra tinha estado ali. Eu estava muito mais envolvida com o meu trabalho, ele me proporcionava um reconhecimento que satisfazia grande parte do meu narcisismo; como eu me sentia verdadeiramente livre, tinha, talvez, menos necessidade de ser uma sufragista da libertinagem. E a distância que eu ia tomando, progressivamente, não me afastava apenas das aventuras, modificava também minha vida libidinal. Numa carta antiga, Jacques, citando Lacan — "não existe relação sexual" —, acusara-me de "acreditar" nisso, na relação sexual. Se de fato eu acreditava na época em que Jacques me enviou aquela carta, por outro lado, durante esse período de crise que narro, a fé certamente já me abandonara.

Como explicar uma situação que evoluiu em 15 anos? Perdemos um amigo de vista, prometemos nos telefonar e depois esquecemos. Outro reaparece, com quem tínhamos passado noites de prazer intenso, e eis que dessa vez, depois de um jantar durante o qual, no entanto, houve uma certa cumplicidade, despedimo-nos ao pegar o táxi com um simples beijo. Nossos lábios não escorregam de um para o outro. Numa outra noite, queremos nos livrar da hidra de quatro cabeças, ou talvez mais, que ondula e estremece sobre a cama, e respondemos, pela primeira vez na vida, ao homem cujas carícias tentam nos prender, que estamos um pouco cansadas. Nunca me aborreci, nunca rompi, nunca tomei uma decisão que tivesse que orientar minha vida sexual de maneira diferente, e não perdia tempo me questionando sobre fatos tão insignificantes, porque eu ainda podia encontrar os reflexos do meu antigo modo de agir e, numa outra ocasião, prolongar o beijo, deixar de lado o cansaço.

Mas, naquele momento, eu atuava como uma má atriz que de tanto ensaiar uma cena não entra mais no papel.

Minha ligação com Jacques tinha se estabelecido no contexto de uma certa conduta sexual que eu tinha quando nos encontramos, que não era mais a mesma, e agora me parece possível que a evolução das nossas relações tenha se dado no surdo abandono dessa conduta. Em todo caso, eu não queria lembrar que tinham feito parte dela. Será que o delírio que levava a me excluir sistematicamente da vida de Jacques agia retrospectivamente e dizia respeito às nossas relações passadas? Enquanto eu ia ruminando todas essas fantasias, nas quais o imaginava em incansáveis priapeias com outras mulheres, não conseguia rememorar os momentos que partilhara com ele. Será que eu teria sido tomada por algum escrúpulo, muito tempo antes, quando ele criticara meu comportamento nas suas cartas, que teria me levado a não "comprometer" minhas relações com ele nessa forma de conduzir minha vida? Será que eu teria me livrado de uma culpa insidiosa idealizando o casal que formávamos e mantendo-o a distância de uma atividade sexual considerada por demais vulgar? Será que, durante as nossas discussões, eu me submetia às análises de Jacques e me identificava tão bem com o retrato que eu achava que ele fazia de mim, o de uma mulher aficionada por relações múltiplas e casuais, que eu não podia mais imaginar ter tido prazer na relação durável que tinha com ele? Embora nossas eternas discussões nos fizessem revisitar o passado nos seus mínimos detalhes, fui atingida por uma amnésia em relação aos momentos de felicidade sexual compartilhados com Jacques. Ele se empenhava em salvá-los; eu ficava perturbada por não encontrar nenhum vestígio deles na minha memória, que era entretanto tão fiel.

Recebi alguns cartões-postais em que ele me descrevia cenas, esperando despertar minhas lembranças. Como, por exemplo, a passada numa despensa, em que eu havia durante muito tempo chupado seu membro, de cócoras, com "a bunda exposta sob a saia enrolada", antes de baixá-la bruscamente para ir receber alguém que chegava, enquanto ele permanecia escondido, "olhando fixamente a bunda se sacudindo sob a roupa". Numa outra vez, ele descreveu longamente noites repetidamente passadas em claro durante as quais ele me pegava "em qualquer lugar", ele insistia, e eu o encorajava com gritos, palavras grosseiras, batendo na sua bunda e nas suas coxas, o que nos deixava extenuados ao amanhecer de dias que seriam, no entanto, cheios de trabalho. A leitura dessas linhas suscitava em mim uma emoção intensa, na qual o alívio sentido diante daquilo que eu interpretava, finalmente — depois de ter obsessivamente imaginado a indiferença de Jacques e a rejeição da minha pessoa —, como demonstrações de amor, não se distinguia da excitação sexual: a mesma onda de liberdade percorria meu corpo, do plexo solar à cavidade vaginal. Eu não me cansava dessas narrativas. Seu efeito era forte como se acabássemos realmente de reviver aquelas cenas — como se acabássemos de vivê-las pela primeira vez.

Os cartões-postais chegavam quando ficávamos longe um do outro por vários dias. Compensávamos a distância geográfica com diálogos telefônicos que me deixavam com a orelha doendo. Esses diálogos eram terríveis. Ao telefone não é possível substituir uma palavra mais dura por um simples olhar, nem interromper uma réplica cruel cedendo ao olhar do outro; as palavras são então mais implacáveis ao mesmo tempo que a invisibilidade do interlocutor, como no confessionário, é propícia às confissões mais difíceis. Ficávamos extenuados, sem mais argumentos; uma vez, senti uma leve vertigem que me fez largar o fone. Nos dias que se seguiam, eu tentava construir uma nova história na qual realmente não acreditava, mas que tinha o mérito de me distrair do meu sofrimento, de me trazer alívio, como um placebo: como não havia saída para o nosso conflito, eu tomaria a iniciativa da separação: iria morar em outro lugar. E as perguntas se encadeavam: eu precisava da minha biblioteca, como iria arrumar tantos livros num pequeno apartamento, quem iria ficar com o gato...? Enfim, depois de algumas horas, ou alguns dias, um ou outro tomava a iniciativa de um novo telefonema, perguntava calmamente sobre um assunto banal. Com precaução, arriscávamos algumas palavras de perdão, e, como não podíamos nos envolver num abraço silencioso e consolador, Jacques havia encontrado esse sistema dos cartões-postais, que chegavam em grupos de quatro ou cinco. Suas doces mensagens pornográficas restituíam aos corpos seu poder, faziam esquecer os diálogos desencarnados. Assim que chegava a correspondência, eu logo procurava por eles e os lia e relia com prazer.

Eles me tornavam deliciosamente estranha a mim mesma. Como eu não me lembrava das aventuras que essas mensagens narravam, elas representavam várias possibilidades de me projetar no paraíso de Jacques ao qual eu acreditara não ter acesso. Essa sensação de alteridade, forçosamente acompanhada de uma sensação de liberdade — liberdade de ser uma outra, liberdade de escapar, por um instante, do sofrimento —, eu a reencontrava, ao meu modo, em determinadas circunstâncias. Ao final de nossas separações, havia os reencontros. Durante dez ou 15 dias, minha solidão tinha sido invadida pelos devaneios, os que me torturavam e os que me consolavam. Quando Jacques vinha me buscar no aeroporto de Perpignan, ou quando era ele que voltava a Paris, durante os primeiros minutos, eu aproveitava esse momento intermediário, no qual não estávamos mais separados, mas ainda não tínhamos retomado nossos hábitos de casal que vive junto, para prolongar a atmosfera de devaneio na qual estivera mergulhada. Eu podia viver situações tão maravilhosas quanto aquelas evocadas no verso dos cartões-postais. Os escrúpulos que eu poderia ter tido logo depois de uma briga e a falta de jeito, a quase timidez com que teria tido uma relação sexual, eram coisas do passado. Eu viajara sem nada sob a saia, e assim que me sentava ao lado dele no carro estacionado, balançava o joelho para suscitar carícias, para que ele colocasse gentilmente a mão na minha coxa, e depois, com pequenos movimentos dessa coxa, eu pedia um prolongamento da carícia até que ele tivesse a surpresa do púbis descoberto. Assim que chegávamos à estrada, eu tirava a roupa e conseguia tirar seu sexo do jeans apertado. O efeito era euforizante e me deixava completamente à vontade. A velocidade que faz com que o automóvel pareça se desfazer dos objetos imóveis à beira da estrada cria em volta de meu corpo um espaço específico, um estreito território livre no qual a nudez é mostrada sem vergonha, animal.

Ou então, sem avisar, eu vinha esperar Jacques na estação de Lyon, totalmente nua sob uma capa de gabardine. Caminhando ao lado dele na plataforma, sentando ao lado dele no metrô, eu ficava feliz de ver que ele ignorava um objeto de desejo que, no entanto, estava ao alcance da sua mão, do mesmo modo que nos divertimos com uma criança a quem mandamos procurar o presente que escondemos dizendo "está quente, está quente!"; eu me mostrava particularmente afetuosa. Era divertido o fato de que, na multidão, um milímetro de tecido apenas separasse dele a minha pele nua, de que um gesto seria o bastante para retirá-lo, e eu o retirava, de fato, desatando o cinto, assim que estávamos entrando. Às vezes transávamos na soleira da porta.

Embora Jacques recolocasse sempre as questões sexuais no centro de nossas discussões — qual tinha sido meu comportamento em geral, com ele em particular, o que explicava em parte o dele, porque eu acabara me mostrando "indiferente" ou "aborrecida", enquanto seu desejo por mim permanecia intacto —, e enquanto minhas próprias ficções em relação a ele eram tão focalizadas nos atos sexuais quanto a câmera de um filme pornográfico, meus questionamentos e minhas queixas nunca eram sobre esses atos em si. Paradoxalmente, eu podia imaginar esse filme assegurando a uma estranha que nenhuma mulher, em toda a vida dele, lhe dera tanto prazer e manter o desenrolar da cena até que seu corpo se rendesse ao orgasmo, mas nunca diria a ele: "Você desejou outra mulher mais do que a mim", e menos ainda: "Estou zangada porque você fez amor com outras." Não porque eu tivesse raciocinado e me rendido à evidência de que sua liberdade era tão legítima quanto a minha, mas porque eu não duvidava dos testemunhos do seu amor, nem de que ele estivesse sexualmente muito ligado a mim. Com uma esperança plena, eu começava e recomeçava a interrogá-lo, apostando justamente na infinita paciência, na inalterável solicitude manifestada pelo seu amor. A primeira pergunta, como já disse, dizia respeito apenas a modestas informações sobre datas, lugares ou organização, pelo menos era assim que eu imaginava. Sem compreender bem a intenção, eu procurava substituir cada detalhe das minhas reconstituições imaginárias pelo seu equivalente verdadeiro, tal como Jacques poderia se lembrar; eu queria entrever o hipotético modelo de um quadro já pintado, de olhos fechados. No entanto, nas raras vezes em que Jacques me respondeu e descreveu com exatidão alguns detalhes concretos, esse modelo não substituiu o quadro imaginário; pelo contrário, permitiu realçá-lo com pinceladas que o tornavam mais doloroso. Eu gostaria de ter tido acesso à totalidade das suas agendas durante anos, a seus compromissos hora por hora, dispor do registro de todos os seus encontros. Eu procurava escapar da poça de sanguessugas, queria reencontrar o homem de consciência cristalina, no mundo despreocupado em que ele vivia.

Depois de muito adiar, arrisquei uma primeira pergunta, formulada da maneira mais simples e breve possível: "Você foi jantar na casa de fulano com L.?" Mal terminei a frase, Jacques reagiu com uma expressão de raiva. Ele não aguentava mais o meu "ciúme mórbido", minha "insistência masoquista". Prudentemente, eu fazia sempre valer o caráter realmente paliativo da minha estratégia: bastava que ele confirmasse e eu não pensaria mais nisso. Mas Jacques não me ouvia mais, ele também tinha sofrido, estava sofrendo, e pedia então que o poupasse. Eu ficava arrasada. Aquele que se expressava assim não podia mais abrir para mim as portas do seu paraíso, e só me restava, por minha vez, tentar fazer com que ele tivesse pena de mim, com a ajuda de argumentos que se resumiam mais ou menos a isto: o fato de ele ter se cercado de mulheres bem jovens estigmatizava meu corpo de mulher madura; ele lhes dedicava uma atenção paternal da qual eu estava excluída; os amigos sabiam que eu desconhecia suas ligações, o que me ridicularizava aos olhos deles.

Durante uma das nossas primeiras conversas, depois que tive acesso a seu diário íntimo, surpreendi-me comunicando a ele em tom de capricho que iria fazer uma cirurgia plástica: pois eu não teria agora que competir com rivais de vinte anos? Nunca uma ideia dessas me passara pela cabeça (aliás, não pensei nisso novamente). Enquanto eu fazia essa pergunta inesperada, senti que estava sendo tomada pelo comportamento e quase pela aparência de uma burguesa bem-arrumada, como aquelas fora de moda que víamos nas fotonovelas que eu folheava quando era adolescente, que cuidam de si e sabem reagir às infidelidades do marido; coloquei-me naquele papel e pensei até em pedir dinheiro, como uma mulher sustentada, e com a sensação de conforto que teria sentido se tivesse vestido um elegante casaco de pele. Eu estava sentada ao dizer isso, e só faltei cruzar as pernas, colocando um cotovelo na coxa e o queixo na mão. Muito tempo antes, depois de um acontecimento extremamente doloroso, outro estereótipo também me ajudara um pouco. Quando minha mãe se matou, todos os outros membros mais próximos da família — minha avó materna, que morara conosco, meu pai e meu irmão — tinham morrido nos anos anteriores, de modo que tive que enfrentar a violência desse suicídio sem o apoio da compreensão íntima deles. Durante anos, fiquei convencida de que esse drama tinha tirado de mim a fé sólida, preservada desde a infância, no meu futuro, mas sem que eu tivesse sido capaz de discernir os objetivos precisos aos quais era obrigada a renunciar. Minha impotência desconcertava a mulher que a menina alimentada de leituras e grande ambição tinha se tornado. Eu tentara me abrir com Jacques e, um dia, a melhor coisa que consegui dizer foi esta frase: "A morte de minha mãe me deixou arrasada."

"O que significa esse lugar-comum?", ele me respondeu irritado, embora com as melhores intenções do mundo, para me ajudar a sair do drama. Senti-me ainda mais desamparada, e ainda por cima humilhada por ter sido surpreendida em flagrante com uma frase feita. Mas, nos dias que se seguiram, acabei dizendo a mim mesma que eu não renegava aquela palavra, "arrasada", mesmo que normalmente ela fosse usada de qualquer maneira, de forma exagerada, o que, ao contrário do seu sentido inicial, a carregava de ênfase. Não é à toa que um lugar-comum se chama comum. Quando recorremos a ele, não é apenas porque, naquele instante, nos falte a lucidez ou a inteligência, ou ainda a cultura que nos permitiria empregar um vocabulário mais refinado e melhor adaptado, mas também porque temos necessidade de nos juntarmos a uma comunidade. No desespero diante da infelicidade, mas também na alegria de uma grande felicidade, o ser humano não foi feito para suportar a solidão à qual o conduzem os sentimentos extremos, e ele procura compartilhá-los, o que significa relativizá-los, ou seja, diminuí-los. É verdade que eu estava falando como num programa de televisão, mas, se fosse o caso, eu não teria hesitado, de fato, em ir a um programa de televisão para ter certeza de que, na verdade, era bastante comum e fácil dizer que se tem uma mãe depressiva que se joga pela janela, e para dissolver meu sofrimento no burburinho das discussões vãs. Quando falei da possibilidade de fazer um *lifting*, projetei-me no papel convencional de uma mulher que acredita nas soluções de aparência e foi reconfortante, durante aquele período em que eu estava tão perturbada, fazer parte da massa dos pensamentos simplórios. Vinha se acrescentar a isso o fato de que eu já havia começado a elaborar meus roteiros fantasiosos da vida sexual de Jacques, seguindo as sequências estereotipadas das quais já falei, e, ao adotar eu mesma um comportamento estereotipado, eles se incorporavam ao real. Em outras palavras, o estereótipo e o real se confundiam num mesmo segmento da vida. A idade da mulher enganada, assim como a preferência dos homens maduros pelas mulheres mais jovens, e também as zombarias da sociedade para com os homens cornos são constantes no imaginário sexual e sentimental, e me forneciam algumas referências cuja mediocridade pouco importava: elas me davam a ilusão de viver na realidade dos pequenos prolongamentos das minhas fantasias. O episódio da senhora que quer rejuvenescer, cujo texto eu poderia recitar num efetivo diálogo com Jacques, era uma sucessão lógica de um dos episódios no qual, por exemplo, eu o surpreendia em casa, na companhia de uma jovem amiga, o que era apenas, na verdade, uma fantasia ruim. Nem é preciso dizer que todos esses argumentos não serviam para fornecer a Jacques as chaves que o permitiriam compreender o que estava me jogando naquela profunda depressão; na verdade, eles até o dissuadiam de ter pena de mim.

Nas discussões que tivemos até o meio da noite, estendidos de costas na cama, lado a lado, como duas estátuas tumulares, com os olhos fixos numa escuridão mais profunda do que a delas, mas igualmente próximos e ao mesmo tempo separados pelo vinco das dobras do lençol, quando o sal das lágrimas agora secas grudava no meu rosto, e todas as minhas palavras se aglutinavam numa matéria escura que tornava minha boca pastosa, eu não esperava mais nenhuma palavra dele, apenas um gesto. Eu dizia: "Faça um gesto."

Eu queria compaixão, como aquela que eu mesma sinto diante de certos olhares, por exemplo, como o olhar dos velhos, fisicamente muito frágeis para verem o mundo além de seu ambiente doméstico, ou o das crianças a quem negamos certas oportunidades deste mundo, ou ainda o dos animais que se orientam com o focinho encostado no chão, todos impossibilitados de perceber o sentido de um sofrimento que os destrói. Seu próprio ser se confunde com esse sofrimento, e os olhares parados que eles erguem para os homens e as mulheres esclarecidos e responsáveis falam dessa infelicidade. Acredito, sinceramente, ter tido essa credulidade quando eu mesma sofria sem poder dar outras explicações, a não ser aquelas que a língua transporta, sem ir buscar mais nada nas profundezas dos sentimentos pessoais. Talvez eu tivesse me feito compreender melhor se, em vez de passar pelos clichês, e em vez das distorções dos fatos insignificantes da vida cotidiana que eram comandadas pela minha fantasia, eu tivesse começado pela narração dessas fantasias. Nunca pensei nisso, pois suponho que meu inconsciente não me teria feito correr o risco de confiar a Jacques o segredo das minhas visões masturbatórias, que consistiam nas suas relações sexuais com outras mulheres. Era inconciliável exigir dele mais atenção, como eu fazia naqueles momentos, e confiar-lhe, ao mesmo tempo, o romance no qual sua indiferença e seu desprezo para comigo me excluíam da sua vida sexual. Eu esperava ser libertada por aquele que eu mesma havia transformado em carrasco do meu insuportável e prazeroso suplício. O lodo negro na minha boca se espalhava como uma lava que coagulava e, logo em seguida, o único órgão sensível que me restava era minha pele, que eu esperava que Jacques solicitasse deslizando seu indicador sobre ela.

Às vezes, sem dizer uma palavra, ele levantava e se colocava entre as coxas daquela marionete inerte a seu lado, erguendo-lhe os quadris. Eu o deixava agir sem dizer nada, soltando meus membros e minha carne, que balançavam, e a miséria que me sufocava alguns instantes antes vinha finalmente aumentar a onda do prazer que tomava conta de mim. Depois disso, finalmente, adormecíamos.

Mas a saída da crise não foi sempre assim, e era frequente que um silêncio diferente se instalasse de repente entre nós, e permanecesse um enigma para mim, até hoje. Nunca entendi o mutismo com o qual Jacques resolveu, cada vez com mais frequência, interromper as explicações; nunca soube o que, em determinado momento, determinava esse comportamento. Ele virava de lado, eu perguntava se estava zangado, ele dizia que não e era tudo, não respondia mais nada. Eu podia tentar novamente no dia seguinte, e no outro dia, segurar o braço dele, chamá-lo como se ele estivesse indo embora, ou tentar fazer com que acreditasse, falando docemente, que a crise terminara, ou pedir que repetisse pelo menos a acusação que eu teria feito e que o magoara, mas ele se esquivava, afirmava que era preciso deixar o tempo passar, que iria passar, e, de fato, dois, três, quatro dias depois, sem que eu compreendesse o porquê da sua decisão, ele se dirigia a mim para falar de um assunto qualquer e, dessa vez, o tom e o fluxo da sua voz eram normais. A figura misteriosa que ocupava meus devaneios me atraía tanto quanto me deixavam descontrolada os mistérios da pessoa real. Durante esses períodos de silêncio, o rosto de Jacques era como o de qualquer transeunte que segue seu caminho, impassível, absorto nos seus pensamentos e que, se por acaso esbarra em outro transeunte, pede desculpas educadamente, com o olhar distante. O pior era que a indiferença de Jacques em relação a mim, que eu buscava nas minhas fantasias, suscitava o pânico quando ele a manifestava de verdade. Eu não era então capaz de antecipar e esperar o momento em que, novamente, ele se dirigiria a mim — ou seja, eu ficava mergulhada para sempre naquela espera.

 Assim, com o passar do tempo, eu ficava orgulhosa de mim mesma quando podia contar oito ou dez dias durante os quais nossas relações tinham sido talvez tensas, mas sem brigas, quando eu não cedia à vertigem da escada que levava ao seu escritório ou quando, exausta, renunciava aos pedidos de explicação que aconteciam cedo ou tarde. Foi nessa época que comecei a me interessar pelos relatos de homens que cometeram estupros, principalmente os reincidentes, um que eu vira na televisão, outros cujas declarações eu lera em artigos, e que descreviam o mesmo processo que eu aprendera a reconhecer, guardadas as devidas proporções. Quase todos demonstravam não uma loucura que os cegava e os impedia de medir as consequências de seus atos, mas, pelo contrário, uma força lúcida, uma luz poderosa que ilumina o drama do qual eles são o elemento ativo. Acho que podemos acreditar que essa lucidez tenha o mesmo poder de injunção que os projetores focalizados sobre um ator que entra em cena. Longe de frear o aparecimento do mal, nossa clareza engasta nele todos os brilhantes que o realçam: sabemos detectar o despertar da pulsão, não ignoramos a destruição que ela irá provocar, permanecemos capazes de mobilizar os recursos morais, as faculdades de raciocínio para tentar afastá-la, mas nada impede o gesto que acabamos cometendo. Só então a escuridão se faz, a neblina dos remorsos e da culpa invade o espírito, pois a função dessa pulsão terá sido, afinal, não apenas ocultar algumas zonas da consciência, mas eliminá-la por completo; ela só a manteve viva para poder eliminá-la melhor. Depois de ter, durante muito tempo, escolhido minhas palavras, depois de ter decidido que era melhor não dizer nada, e sustentado essa decisão com mil argumentos, entre os quais o de que Jacques talvez se fechasse no silêncio, o que me causaria um sofrimento maior do que a dúvida que me martelava naquele momento, quando sob o efeito de uma súbita amnésia que rejeitava toda e qualquer lógica eu me ouvia pronunciar a pergunta fatal, eu estava, de fato, criando as condições do destino que havia me atribuído nas minhas fantasias: rejeitada para fora da vida de Jacques, destruída.

Só mais tarde percebi a ligação entre masturbação, voyeurismo e prazer do constrangimento e da expulsão. O masturbador é o espectador de suas próprias fantasias, quer as encontre inscritas nas imagens e na literatura pornográfica, quer as elabore a partir de lembranças de cenas realmente vividas, ou extrapoladas a partir do real; isso significa que ele responde, principalmente, às solicitações do seu olhar. Em certas circunstâncias, ele goza diante de cenas reais; o masturbador é, então, um voyeur. Ora, o voyeur age furtivamente, mais ou menos confinado num esconderijo. Ele pelo menos controla seus movimentos e sua respiração para não ser descoberto, ou para não perturbar aqueles que estão transando diante de seus olhos, ao perceberem a presença dele. Em todos os casos, ele se abstrai da cena, mesmo quando é ele quem a organiza, como fazia Dalí nas reuniões durante as quais, é o que ele diz, determinava o lugar de cada um, e ele mesmo só tocava seu próprio sexo — Dalí, que acabava confessando não "precisar de ninguém". O hábito de se afastar, esconder-se, vem de longe: a criança que se masturba é obrigada a dissimular sob a dupla ameaça da punição e da vergonha, e disso vai resultar, para aquele que não quiser renunciar a esse prazer, aquele que contempla as cópulas dos seus sonhos e as dos outros, um uso frequente dos edredons, dos banheiros, dos armários ou dos vãos das portas, até mesmo dos buracos das fechaduras para os quais o olho desliza, enquanto todo o corpo se curva dolorosamente, como se tivesse que passar por ali, inteiro, hábito que, em virtude da lei que liga a condição de um prazer a esse mesmo prazer, poderá se tornar um deleite. O masturbador vai gostar da solidão, ou melhor, ele cultivará a sensação, que para ele acabará se tornando deliciosa, de ser obrigado à solidão, isto é, repelido, expulso do espaço comum. Salvador Dalí, "grande masturbador" (para usar o título de um de seus famosos quadros) e grande paranoico (como o grande sonhador Jean-Jacques Rousseau), elaborou uma curiosa teoria formal que descreve esse estado: ele afirmou que a matéria tomava forma ao sofrer uma coerção do espaço que engendrava inchaços e transbordamentos. Acho que ele mesmo pensava que tivesse sido "formado" dessa maneira quando narrou sua única experiência no metrô: ele teve a impressão de ter sido "triturado por um intestino", mas, no instante em que fora "vomitado" por ele, "cuspido", teve a "revelação" de um renascimento criador. (O tema do nascimento, e da possibilidade de o artista reviver essa expulsão do ventre da mãe, de renascer, é recorrente na sua obra.) Não é significativo que aquele sentimento ambíguo que narrei, durante aquela brincadeira no parque de Saint-Cloud, em família — mas na ausência da minha mãe —, na qual pularam a minha vez, porque tinham me esquecido e eu ficara invisível no próprio interior do grupo, esteja ligado na minha lembrança à época da minha primeira menstruação? Como muitas outras mulheres, durante grande parte da minha vida, nos dias que a precediam, tive a sensação de não ser mais amada por aqueles que me eram mais próximos, a ponto de chorar, mas não sem uma leve e doce satisfação. E penso até que minha teimosia no trabalho, que é um traço reconhecido da minha personalidade, e a faculdade de me concentrar numa tarefa quando todos à minha volta se agitam ou se divertem, durante longos períodos — que, aliás, podem ser entrecortados por pausas onanistas —, participam da procura por um prazer análogo. O trabalho, inclusive aquele escolhido livremente, é o meio através do qual a sociedade pressiona a pessoa; mas, quando ele toma conta dela, é também a via pela qual ela escapa. E há uma analogia entre a maneira pela qual a psique se submete ao dever, para melhor fugir dele depois com volúpia, e o membro ou o clitóris fortemente pressionados ou friccionados pela mão do homem ou da mulher que se masturbam, até a saturação e o escape no orgasmo.

O pequeno corredor pelo qual se entra na nossa casa tem o teto baixo e fica a maior parte do tempo na obscuridade, é uma espécie de antessala onde o espaço se estreita por um instante entre a sucessão de pátios que acabamos de atravessar e a grande sala que surpreende pelo seu tamanho. Ele tem pouco mais de um metro de largura, o suficiente para que eu pudesse jogar meu corpo de uma parede para a outra num só movimento. Eu não batia na parede somente com a cabeça ou com a palma das mãos; meu tronco ou meus ombros também se jogavam de encontro a ela. O movimento era violento sem ser rápido, mas concentrado, regular. Jacques me pegava pela cintura para me fazer parar.

Pensando de novo naqueles acessos, posso avaliar como são preciosos os fragmentos de imagens tirados de leituras ou de visões de quadros, de fotografias, de todos os tipos de espetáculos bem no fundo da nossa memória, que acabam cimentando nosso patrimônio emocional. Vamos buscar neles, quando precisamos, os modelos aos quais podemos comparar as circunstâncias da nossa própria vida, e a maneira pela qual podemos reagir a elas. Eles constituem uma base sobre a qual podemos apoiar as perguntas que nos atormentam. De modo que, se nossa personalidade nos tornou sensível a uma determinada obra, ou a um determinado detalhe da mesma, essa obra ou esse detalhe, por sua vez, irão nos ditar, segundo uma dialética perfeita, uma atitude ou um gesto particular. E da mesma forma que um pintor que colocou seu cavalete na natureza nunca pinta completamente a natureza, mas a olha através do filtro das suas referências a outros pintores, aquilo que chamamos de nossa "natureza", nossas manifestações mais espontâneas de amor, de ódio, de alegria ou de desespero trazem o selo de nossas leituras e de nossas preferências estéticas. Anos atrás, quando me interessei pela pintura de Jackson Pollock, um elemento chamou minha atenção: ao colocar a tela no chão, ele estava deliberadamente buscando a resistência de uma superfície dura, contrastando com a flexibilidade da tela estendida num chassi. Fiquei impressionada, ao ver o filme de Hans Namuth sobre Pollock, com a maneira pela qual o pintor, realizando um *dripping*,* se deslocava numa estreita faixa, colocando bem o pé no chão, como se estivesse marcando o

---

* Técnica usada nas artes plásticas que consiste em respingar tinta sobre a tela segundo os movimentos do pintor. (N. da T.)

compasso. E sempre considerei a linha vertical de Barnett Newman como uma estreita sangria em imensas superfícies herméticas. Esse tema singular do encontro de um corpo com uma superfície dura ou fechada deve me atrair bastante (e desde muito antes do suicídio da minha mãe, se eu considerar essa referência a meu trabalho sobre Pollock e Newman), pois eu o reencontrei mais tarde, quando escrevi sobre Yves Klein e, principalmente, sobre suas Antropometrias, e novamente anos depois do episódio que relato, dessa vez sobre Dalí. Deduzi, a partir desses exemplos, que aquele cujo olhar leva de forma vertiginosa ao escorrimento ininterrupto da cor ou à sua extensão, ou ao infinito do azul do céu, ou ao encadeamento das alucinações próprias do método paranoico-crítico, tem necessidade de apoiar o corpo num suporte. É assim que coexistem, na obra de Klein, a aspiração ao infinito dos monocromos azuis, a apropriação do vazio e o impacto dos corpos sobre uma superfície intransponível. Ressaltei, espontaneamente, nos escritos de Dalí, todas as alusões a um contato com esse tipo de superfície, como quando ele relata, na *Vida secreta de Salvador Dalí*, ter dormido numa cama tão dura que "parecia recheada de pão seco", mas que "tinha o mérito" de lhe lembrar de que ele tinha um corpo.

Não que esse patrimônio nos permita analisar de fato os comportamentos insanos e às vezes monstruosos dos quais somos capazes, ou que descobrimos nos outros, mas nos ajuda a aceitá-los — a não enlouquecermos totalmente —, relacionando-os com modelos que pertencem a um registro nobre e geralmente mais abstrato que, na urgência do sofrimento, serve de explicação. Se a arte pode nos tirar da nossa condição, ela também tem a função, e isso qualquer que seja sua qualidade ou seu grau de sofisticação, de fornecer a cada um de nós, de acordo com a cultura da qual dispomos, esses temas com os quais podemos nos situar no dia a dia, e no fluxo das nossas sensações.

"Você é completamente louca", dizia-me Jacques, não, é claro, no sentido mais profundo, mas apenas como dizemos "ele é louco" sobre alguém que se comporta de forma exagerada, extravagante ou temerária — e, simplesmente, porque ele mesmo estava desesperado por me ver naquele estado. Mas, de fato, era preciso que uma parte das minhas faculdades mentais estivesse alienada para que a dor física sentida no choque contra a parede tivesse o efeito de um começo de alívio da dor moral. Mais tarde, quando a lembrança da cena voltava a me atormentar, a me mortificar, eu podia sobrepor a ela a imagem de Pollock trabalhando, ou então a das mulheres que foram modelos de Klein, com seu ar de indiferença, apenas aplicado, quando procuravam aderir o máximo da superfície de seu corpo contra uma grande folha de papel fixada na parede. Nenhum desses exemplos me dava a chave do meu comportamento, mas eles esboçavam uma espécie de paradigma que o acolhia, e isso era o bastante para fazer com que eu o admitisse, para não o jogar no poço profundo das rejeições. Esse é o mínimo de pensamento racional que podemos ter, assim como um pesquisador descobre um objeto desconhecido e o guarda numa gaveta ou o classifica em determinada categoria, baseado numa simples analogia formal, adiando para mais tarde a verificação da pertinência dessa classificação.

Que representações fugazes de nosso corpo nos acompanham ao longo dos nossos dias? Que fragmentos de imagens atravessam nosso pensamento quando, por exemplo, encontramos alguém: os da nossa mão que aperta a dele para cumprimentá-lo, ou apenas aqueles, simplesmente mental, do rosto que apresentamos a ele? Se prestarmos atenção, será que a relação brutal entre os dois nos mostraria um monstro feito de uma cabeça sem corpo, com um único braço surgindo de uma região indistinta sob o queixo? E quando fazemos amor? Se eu estiver de costas, como gosto particularmente, é minha bunda, principalmente, que imagino, numa imagem que excita a mim mesma, como se eu me confundisse com o ponto de vista de Jacques. Se estiver deitada de frente, observei que era uma representação da minha vagina que invadia meu campo de visão interior, uma caverna imensa, iluminada como num claro-escuro. Não vejo meu rosto crispado que Jacques talvez perceba, mas às vezes o imagino quando estou sozinha me masturbando. Para dizer a verdade, não nos demoramos nessas visões, pois enquanto nosso corpo estiver saudável e nosso espírito tranquilo, a intuição que temos dele revela uma maravilhosa plasticidade. Mas o que acontece com essa intuição quando a emoção desacelera ou obscurece a consciência e aquilo que queremos exprimir só consegue fazê-lo, justamente, através do corpo? Lembro-me de que quando não conseguia mais articular o que quer que seja, na esperança de ser compreendida, eu também não via mais nada a não ser membros esparsos. A sensação leve e fluida de habitar um corpo inteiro se transformava em um puro reflexo de resistência a duas forças que se opunham, uma tão potente quanto a outra. Havia a lava das palavras impronunciáveis, porque eram inúteis, que paralisava minha língua até a glote e enrijecia meu corpo, e havia tudo aquilo que estava fora de mim, as paredes do quarto, o teto, as costas de Jacques, que se virara, formando apenas um bloco que me rejeitava. Podemos habitar um corpo que precisa lutar para ter espaço interior e exterior? Quando sobrevinha a crise, durante uma de nossas discussões, deitados, uma das minhas pernas, sempre a mesma, a direita, vibrava como uma corda que esticamos. Como já disse, eu talvez tenha tentado anteriormente chamar aquele que era ao mesmo tempo meu juiz e meu socorro. Eu repetia: "Jacques! Jacques!", ou então: "Por favor... por favor..." Quando as crises se repetiam (tento avaliar: uma ou duas vezes por mês?), fui aprendendo a reconhecer seu começo, que era tão impossível de reprimir quanto a irrupção da pergunta que havia provocado a discussão. As mãos tornavam-se o único elemento móvel que girava em volta dos punhos, e os dedos se estendiam e se dobravam sem sincronia, numa linguagem de surdo-mudo vagarosa e gaguejante cujo objetivo era talvez desfazer o nó das palavras que estavam embrulhadas. Finalmente, a palma de uma das mãos batia mecanicamente no colchão, no gesto convencional do lutador imobilizado no solo, submetido ao adversário. Ou então eu via essas mãos indo e vindo na perspectiva do teto, com os dedos afastados. Sobrevinha uma sensação de sufoco que, novamente, só posso ligar a uma lembrança de leitura: ao terror que me perseguira durante muito tempo, quando era criança, depois de ler Edgar Allan Poe, de ser um dia enterrada viva. Em seguida, os punhos se fechavam e Jacques não conseguia abri-los.

Eu erguia o tronco bruscamente como se fosse dar uma cambalhota, dava socos na cabeça, no rosto, no peito. Como nas vezes em que me jogava contra a parede, a dor física tinha o poder de me absorver e soltar, no segundo em que era mais viva e localizada a outra dor, aquela que sob seu domínio apaga até mesmo a sua origem. O mecanismo tinha qualquer coisa de análogo àquele que uma vez me foi explicado por um fisioterapeuta: ele me aconselhara a pressionar com todas as forças o ponto mais doloroso de uma contratura muscular porque existe uma espécie de transcendência da dor, e quando esta é levada a seu máximo de acuidade o cérebro se defende e recusa-se a registrá-la, e então sentimos um curto instante de repouso.

Neste ponto da narrativa não disponho mais de muitas imagens para descrever esses momentos de paroxismo, não tenho mais imagens de apoio, vistas ou "lidas", que me ajudariam a recompô-los. Aqui, eu teria que chamar Jacques para contar, mas então essa narrativa não seria mais conduzida, como está sendo desde o início, do interior de um corpo. A impressão mais clara que encontro é a da força enorme que surgia em mim quando Jacques queria segurar meus braços, meus ombros, a sensação surpreendente de que a minha força física iria dominar a dele, que eu estava cheia de uma violência invencível. Eu avaliava até que ponto poderia resistir a ele, ou empurrá-lo, e bastaria um pequeno esforço suplementar, do qual ainda era capaz, para jogá-lo no chão. Durante a irrupção dessa força que me excedia, cheguei a pensar em como seria fácil eliminar, destruir tudo aquilo que me arrasava alguns instantes antes. Era essa sensação, e não o gesto de Jacques, que era apenas um sinal, que me detinha e fazia voltar um fio de consciência. Afinal, não sou louca, e uma terceira imposição começava a surgir, combatendo as outras: a do domínio que eu recobrava da situação, mas não, é claro, a compreensão daquilo que tinha me levado até ali, as razões do meu sofrimento ou das reações de Jacques. Não era isso, mas talvez um discernimento mais prosaico cujo objetivo era me impedir de magoar Jacques ou quebrar objetos. A razão não se manifesta primeiro pelo raciocínio, e sim por aquilo que parece ser seu reverso, os automatismos que fazem com que qualquer um, mergulhado numa grande infelicidade, num luto, numa doença grave, não cuide do seu sofrimento ou da sua angústia ao longo de reflexões metafísicas, mas organizando os deslocamentos de seu corpo entre os objetos que o cercam, pensando metodicamente no lugar de cada um — por exemplo, ele começa a arrumar a casa —, aprendendo ou reaprendendo a alimentar seu corpo, como se tivesse que percorrer o trajeto da consciência humana desde os primeiros gestos de sobrevivência.

Conheço a volúpia das lágrimas; durante certos períodos da minha vida, elas vinham no prolongamento do orgasmo. Quando saía dessas convulsões, os espasmos do peito eram a válvula pela qual escapavam as crises que haviam paralisado os membros. Não eram choros de raiva, e sim de remissão, de desespero, aqueles que deixamos explodir, quando crianças, ao renunciar a querer agir sobre o mundo dos adultos, e nada mais nos resta a não ser nos submetermos a eles, numa irresponsabilidade de escravo ou de animal. Às vezes, algumas fantasias vinham ajudar esse alívio: eram representações extremamente vagas de suicídio. Não acredito que algum dia eu tenha ficado seriamente preocupada com um desses pensamentos, nem que tivesse uma compleição psicológica que pudesse me levar a eles, mas, nesse caso, a ideia permitia que eu me retirasse de um corpo possuído pelo sofrimento moral. Eram imagens não muito nítidas, como uma cena vista através de um vidro sujo, sem detalhes, e algumas vezes, para evitar essa aparência de imagem, eu até fazia um gesto que não podia ver, colocava dois dedos apontados na têmpora ou na boca.

Foi na época dessas crises que percebi a que ponto minha satisfação passava pela boca. Eu já sabia que uma reflexão profunda ou preocupação faziam com que eu levasse, instintivamente, o indicador da mão direita, e às vezes até mesmo o polegar, à boca, pois um dia, mergulhada nos meus pensamentos, cheguei a fazer esse gesto em público, no metrô, e um desconhecido se aproximou e mexeu comigo: "Oh! Que coisa feia. Na sua idade!" E depois, eu sempre tivera prazer nas felações. Algumas vezes, naquele estado intermediário em que não sabemos mais muito bem se estamos esvaziados de tudo ou cheios demais para poder nos mexer, eu acabava me acalmando agarrada a Jacques, com os lábios entreabertos colados no seu braço, fazendo um pequeno movimento de sucção. Nesse instante, a câmera interior que Deus me deixou ao me abandonar começava de novo a funcionar e retomava seu incansável trabalho de vigilância. Ela não me poupava do ridículo daquele corpo enrolado, grande demais, bem-formado demais, para um comportamento tão infantil, mas Jacques deixava que eu o fizesse e, de qualquer modo, não durava muito tempo, pois logo eu parava com esse movimento e deixava apenas meus lábios se banharem na pequena poça de saliva que ficara na pele dele.

O quarto azul

As crises mais violentas aconteceram na casa do sul. Com menos distrações e menos vida social do que em Paris, eu podia me abandonar completamente às minhas visões de um Jacques libertino e variar suas aventuras. Ele e eu tínhamos tempo para longas conversas. A própria casa exerce uma pressão bem mais forte sobre a minha paranoia. Em princípio, essa casa circunscreve mais claramente o espaço da nossa intimidade; lá, eu sentia ainda mais a presença de parasitas. Jacques passava mais tempo ali do que eu; e tinha levado lá uma ou outra de suas amigas. Apesar de os móveis e dos objetos terem sido escolhidos e arrumados por nós dois, eu começava a me sentir como uma visitante que limita os gestos e os deslocamentos para não perturbar uma ordem que não é sua. Eu era como uma silhueta incrustada, tirada não se sabe de onde, sobre imagens em 3D.

Aquela manhã, porém, tinha sido tranquila. Jacques saíra, como de hábito, para comprar jornal. Precisei de um envelope. Achei um, no meio de uma pilha desarrumada, numa prateleira perto da mesa de trabalho dele. Era do tamanho que eu queria e, ao abri-lo, vi que já continha uma folha. É evidente que eu não deveria ter pegado aquele papel. Jacques brigou bastante comigo depois, mas eu adquirira o automatismo de que já sabemos. Fui atraída porque reconhecera de modo quase subliminar uma página das cadernetas. A primeira linha dizia o seguinte: "Arranco esta página de meu diário porque sei que Catherine o lê. Isto não deve cair nas mãos dela."

Leio que ele está em Pradié, a casa onde mora nosso amigo Bernard, em Aveyron. Blandine o acompanha, com uma amiga. Ele se diverte com o comportamento excitado dos dois homens maduros diante das jovens. Eles tiram fotos delas, elas se despem quando eles pedem. Blandine dorme com ele, mas não quer transar. Porém ele pode acariciá-la longamente, e ela adormece abraçada a ele. Há uma observação sobre a pouca libido da garota, em geral, e outra sobre o formato dos seus seios, ou talvez sobre a doçura da sua pele. Depois de alguns dias, a amiga tem que voltar a Paris, e eles a acompanham até a estação. A data, no alto da página, é de algumas semanas antes.

Comecei a tremer, e quase não consegui segurar a caneta com a qual logo escrevi a Jacques. Quando o raciocínio perde a coerência, quando nosso olhar se fixa nos objetos que estão diante de nós sem poder atravessá-los e interpretá-los, ou seja, sem que o olhar interior faça a sua parte, nossos membros também perdem a consistência. Como se fosse preciso firmar as ideias para que o corpo se sustente! Não disse muita coisa no bilhete. Apenas que eu tinha encontrado aquela página, e em seguida devo ter rabiscado mais ou menos as mesmas palavras com as quais eu tentava conjurar as crises: "Jacques... por favor... é muito sofrimento... me ajude..." Como me faltavam as pernas, fui me deitar.

Eu não tremia daquele jeito, com o corpo todo, desde que um telefonema de um delegado de polícia me pedira para "vir o mais depressa possível" porque minha mãe tinha sofrido "um acidente", e, pressionada pela minha insistência, a voz acabara dizendo que ela estava morta. Eu tiritava, mas se por um lado minha consciência estava em parte neutralizada — a morte quando faz sua irrupção nos transporta subitamente para uma outra vida da qual nada sabemos —, por outro eu conservava uma percepção extremamente aguda e focalizada: antes de qualquer outra coisa, consegui ir até o banheiro e, lá, olhei meu rosto no espelho acima da pia. Devo ter dito em voz alta, dirigindo-me ao reflexo, "minha mãe morreu", e ouvido minha voz ressoar. Vi o efeito que se produziu naquele rosto diante de mim: os olhos assustados, aparvalhados, os traços repuxados que o desfiguravam — sentia de fato a contração dos nervos sob a pele, como se algo estivesse me espetando —, a mandíbula trêmula. O poder hipnótico que essa imagem exerceu durante alguns instantes, e que se fixou com precisão na minha memória, teve a função de um analgésico. Eu ainda não estava sofrendo. Com o olhar sempre mergulhado no reflexo que me assustava, comecei a pensar. Jacques estava no colégio onde dava aulas. Eu chamaria Myriam, que tinha um carro; ela poderia me levar e chegaríamos antes do meio-dia. Repetidamente, eu me dizia: "Ela tomou uns comprimidos." O reflexo do espelho se apagou e imaginei minha mãe como a vira nos dias anteriores, sentada à beira da cama, lívida, com alguns tufos de cabelo comicamente erguidos acima da cabeça por causa do tempo prolongado sobre o travesseiro, a fina camisola enrolada nas coxas. Ela levava à boca os comprimidos, ao mesmo tempo em que bebia avidamente um copo de água. Quando penso hoje na sua morte, é uma dessas duas imagens que se impõe, sendo que a outra é aquela, que vi realmente, da janela que ficou aberta e pela qual ela se jogou, e, contra a luz, o banquinho colocado em frente.

Eu deixara o bilhete para Jacques junto à página do diário, bem à mostra, sobre a mesa da cozinha. Não sei mais o que ocupava minha cabeça quando fui me deitar, no meu lugar de sempre, de lado, com o corpo esticado, os olhos abertos para o nada. Acho que não havia mais lugar para interpretações nem especulações, apenas uma espera, vazia, pela volta de Jacques. Eu o vi abrir a porta do quarto, ao longe. O quarto é grande, mas a distância do lugar onde eu estava deitada até a porta foi exagerada, como num desenho expressionista cujo ponto de fuga situado no alto acentua a perspectiva. Eu o ouvia repetir: "O que foi que eu fiz? Mas o que foi que eu fiz..." Ele estava segurando a página na mão. Aproximou-se de mim. Seu rosto estava tão indefinido quanto o de uma pessoa num sonho. De fato, eu assistia à cena do mesmo lugar indefinido que ocupamos em um sonho, de um lado, oniscientes, de outro, impossibilitados de comunicar. Eu o ouvia, principalmente. Ele dizia que nunca deveria ter feito aquilo, que sabia disso, "aliás, pronto..."; entendi que ele estava rasgando a página. Certamente, ele teve que se abaixar para ficar a meu lado, pegar minhas mãos ou meus braços, mas eu estava muito longe dali para sentir o contato. Eu não sentia nem mesmo a minha própria presença. Era como se ele representasse a cena sozinho, diante de uma poça de ácido que teria progressivamente devorado o real. Eu perguntava: "Jacques vai vir?... Alguém virá?"

Talvez ele tenha chorado, mas não estou bem certa. Eu devia estar presa num intervalo de tempo. As palavras dele e todo o seu comportamento eram o que eu havia esperado sempre que supunha que, finalmente, ao fim de uma nova explicação, ele iria me compreender. Ele não me perguntava nada, não se zangava. Exprimia seu arrependimento, era afetuoso, debruçava-se sobre mim como um pai sobre o filho doente. Quem não guardou, lá no fundo, a lembrança das doenças da infância, quando ficávamos nos lençóis úmidos enquanto chegavam até nós, amortecidas pela febre e também pelas precauções tomadas, as palavras de preocupação dos que estavam à nossa volta? Mas a cena tão esperada permanecia irreal. Eu não saía da expectativa na qual estava instalada há tanto tempo e que me separava do mundo. A prisioneira que tanto aguardara a sua liberdade, e que se acostumara a se projetar num futuro hipotético, não acreditava na existência do carcereiro que vinha abrir a porta, depois que a sentença terrível fora revogada; por reflexo, ela se refugiava no fundo da cela.

Em outro ato, após este — mas não saberei dizer se foi no mesmo dia, no dia seguinte —, também estou no quarto, mas desta vez de pé, perto de Jacques. Eu o abraço e tenho a impressão de ser mais alta do que ele. Falo com doçura e digo que vamos cuidar da jovem Blandine, que ela precisa de nós, que vamos tomar conta dela. Sinto-me melhor. Saí do meu isolamento e minhas palavras fluem. Não insisto mais para que Jacques venha me ajudar, com a sensação de que ele não me ouve. Eu é que tomo sua cabeça entre as minhas mãos e o acaricio. Ele, em voz baixa, um pouco abafada, repete: "Para... para..."

Será que alguém que cai, e consegue se segurar num galho com um terrível esforço, tem o tempo relâmpago de sentir alívio, inconsequentemente, até que, sem ter mais forças, larga a mão e deixa-se cair no vazio? Eu havia me soltado, e o voo, por mais breve que fosse, me dava esse alívio. Depois, eu me soltava, mas nunca caía numa fenda tão perceptível como nessa primeira vez. Algo acontecia: Jacques ou outra pessoa qualquer fazia uma alusão que, num flash, iluminava um recôndito da sua vida misteriosa. Com medo da tortura que seria a descoberta total, eu me cegava. Por exemplo, Jacques me levara para ver um filme. Quando eu ia contar a uma amiga, esta me interrompia: "Ah! Mas eu e Jacques também fomos ao cinema, um dia desses!" E me dizia o título do filme que ficara na ponta da minha língua. Aí eu oscilava. O desequilíbrio não era muito grande, a sensação era próxima daquela que sentimos quando o salto do sapato escorrega no último degrau e conseguimos nos segurar no corrimão. Eu tentava fugir da parcela de inferno na qual eu teria que me perguntar por que Jacques tinha ido outra vez ver um filme comigo que ele já tinha visto, na véspera ou na antevéspera, com uma de suas amigas. Eu dizia qualquer coisa, o primeiro lugar-comum, a primeira expressão inofensiva que me viesse à cabeça; era mais ou menos relativa à situação, mas às vezes não: "Tinha muita gente...", ou então: "Tudo bem..." Eu repetia maquinalmente. O diálogo que poderia ter me afetado cruelmente era logo interrompido. Eu me tornava uma simples figurante, minhas palavras não tinham consequências — eu estava presente, mas era inexistente.

Muito tempo depois desse episódio, li nas *Memórias de Simone de Beauvoir* "a história de Louise Perron", que me esclareceu sobre certos funcionamentos psíquicos estranhos. Não vou comparar meu caso ao dessa mulher, que Beauvoir classificou de "tragédia"! Louise Perron, virgem aos 30 anos, seduzida e abandonada, tinha desenvolvido, para não ter que aceitar a realidade, um delírio suficientemente grave para ser internada numa clínica. Mas era uma mulher inteligente, e Beauvoir conta que ela podia falar do seu próprio comportamento como se fosse uma "comédia", afirmando que não iria mais continuar "fazendo palhaçadas". Porém, na hora de encarar uma solução mais ou menos realista para sair disso, dava uma gargalhada, dizendo que "aquilo também [era] uma comédia!" Ela confessara a Simone de Beauvoir que tivera uma "espécie de desdobramento", acrescentando "como era horrível se ver sempre". Existem, portanto, estados psíquicos nos quais a pessoa produz pelo menos dois avatares de si mesma, cada um possuindo uma consciência que o permite julgar o outro, mas sem que uma terceira consciência, de certa forma intermediária ou superior, decida qual é o melhor ou, pelo menos, o menos pior deles.

Na maior parte do tempo, pondo as coisas de acordo com o meu ponto de vista naquela época, eu reagia a um perigo real. Por exemplo, naquela vez em que jantávamos os dois, agradavelmente, num restaurante do qual gostávamos bastante, em Veneza, e onde éramos os últimos clientes. No final da refeição, eu tive a sensação de que Jacques, ao falar de mim, descrevendo uma determinada roupa, estava na verdade falando de outra mulher. As lágrimas me vieram aos olhos, e para evitar os soluços diante da garçonete que nos observava, e, principalmente, afastar a raiva que despontava, eu disse quatro ou cinco palavras incoerentes. O tom mudava em uma fração de segundos. Uma espécie de conversa tola substituía o despontar de uma discussão entre um casal. Num reflexo, eu apertara o controle remoto e era como se, de repente, uma voz situada num nível sonoro mais alto, a narração de um comercial, por exemplo, cortasse o sussurro da heroína chorosa do velho filme sentimental. Eu percebia a defasagem, no decorrer da própria enunciação. Eu me ouvia: o tom era forte, mais alto do que de costume, e tomava conta da minha cabeça. Entretanto, eu continuava repetindo as palavras absurdas durante alguns instantes, deixava me levar por elas sem reagir, até que a ameaça da crise se afastasse. Isso não a impedia sempre, mas, em todo o caso, tornava-a mais branda. Jacques não fazia comentários. Ele também esperava que tudo passasse.

Por outro lado, quando compreendi que Jacques tinha visto duas vezes o mesmo filme, não pensei que ele tivesse uma relação particular com aquela amiga. Não que essa relação não fosse possível; a amiga não era feia nem antipática. Mas eu a conhecia muito bem, era uma pessoa próxima, e por isso não tinha a aura necessária para pertencer ao mundo oculto onde Jacques evoluía. E eu era igualmente incapaz de imaginar que ele tivesse simplesmente acompanhado a amiga ao cinema na minha ausência, que ele tivesse gostado do filme e desejado que eu o visse, mas sem dizer que já tinha visto, com medo da minha suspeita. Ele não previra que seu segredinho me faria suspeitar de um mistério maior, mais impenetrável do que uma ligação com essa amiga — mais fascinante!

Passamos muitas temporadas em Pradié, na casa de Bernard. Ela foi construída como um desenho infantil: uma porta com alguns degraus no meio da fachada, duas janelas perfeitamente simétricas de cada lado, uma fileira de janelas acima, o teto pontudo bem alto. Eu gostava da vida que levávamos ali. Cada um fazia uma coisa: Bernard pintava no ateliê, separado da casa por um amplo gramado arredondado; sua mulher, Martine, que muitas vezes ficava em Paris por causa do trabalho, andava de um lado para outro, arrumando a casa; Jacques lia no jardim, quando era verão, e perto da grande lareira da cozinha, no inverno; eu trabalhava no quarto chamado de "quarto violeta", que nos era geralmente destinado, em uma mesa que Martine havia coberto com um xale indiano. A ponta da minha caneta furava o tecido se eu não tomasse o cuidado de escrever sobre várias folhas de papel.

O quarto ficava em cima da cozinha. No final do dia, quando Bernard e Martine vinham se juntar a Jacques, suas conversas, as inflexões veementes de Bernard, o tom baixo e mais constante de Jacques, a voz entrecortada de Martine e as risadas deles chegavam distintamente até mim, através das tábuas do assoalho. Às vezes, eles resolviam ouvir as notícias e suas vozes fundiam-se em um acompanhamento surdo da televisão. Depois, ouviam-se percussões de uma bateria de cozinha. Era um mundo tão maravilhoso quanto aquele que se abre aos pés da Princesa mostrando os preparativos para as bodas, na cozinha de *Henrique, o Topetudo*.* Quando tudo estava pronto, eles me chamavam. Todos sabiam que eu não participava do preparo das refeições. Eu era como uma criança que ninguém incomoda quando está estudando. Aliás, o barulho não tirava minha concentração. Pelo contrário, eu sentia ainda mais o quanto o trabalho era uma obrigação prazerosa. Um dia, adoeci e tive que ficar vários dias de cama. Meus ouvidos não sentiram falta da vida alegre e generosa da parte de baixo da casa, e desfrutei da minha exclusão com o mesmo prazer. Fiquei tão bem entre as paredes escuras do quarto violeta, tão feliz, ao mesmo tempo, com meu trabalho, com a minha solidão e com a suspensão dos ruídos daqueles de quem eu gostava, que eu ainda ocupava mentalmente e com nostalgia aquele quarto, e não quis imaginar Jacques e Blandine ali, dormindo juntos.

* Conto de Charles Perrault. (N. da T.)

Ao lado do quarto violeta há outro quarto maior, mais claro, o "quarto azul". Não sei por que quase nunca ficávamos nele. Quando o episódio da página arrancada já estava assimilado, as frases curtas com as quais Jacques resumira suas noites com Blandine serviram de base para uma visão que se tornou uma das mais recorrentes durante as minhas masturbações. Foi então o quarto azul que serviu de cenário. Eu os via deitados na cama daquele quarto, cuja cabeceira ficava em um nicho. Quer dizer, eu me recusava a colocar Blandine no quarto violeta, mas cedia a ela o meu lugar na cama do quarto azul! Toda vida em comum, começando pela comunidade de apenas dois indivíduos, tem a irritante tendência de atribuir aos seus membros um lugar marcado: cada um senta sempre no mesmo lugar à mesa, ocupa o mesmo lado da cama, tanto em casa quanto no hotel. Na verdade, nunca me deito numa cama desconhecida sem resmungar interiormente contra esses hábitos adquiridos de forma impensada e que raramente são questionados. No interior das paredes cujos limites aceitamos, eles nos obrigam ainda a colocar nossos passos nos nossos passos, nossa bunda na marca da nossa bunda, a colocar nosso corpo exatamente no mesmo lugar em relação ao corpo dos outros. Acreditamos estar nos deslocando no espaço, quando, na maior parte do tempo, estamos apenas escorregando por túneis invisíveis que nosso corpo, como um cupim cego, cavou ali. Apesar da minha irritação com esses minideterminismos, sua força é tamanha que até mesmo na minha fantasia eu não podia me impedir de colocar Jacques no lugar dele na cama e, portanto, Blandine ficava no meu lugar. Além do mais, ela também ficava na minha posição: deitada sobre o lado esquerdo, com as pernas levemente dobradas. Jacques se esticava, colado nas costas dela, numa posição que ele adota sempre comigo, da qual gosto, e lhe peço.

Ao contrário do que se poderia esperar numa cena dessas, o cômodo era muito iluminado por uma luz amarelada vinda do teto, o que correspondia fielmente à sua iluminação real, que eu sempre achara desagradável. Decididamente, eu só queria agradar meu olhar interior. Blandine tomava meu lugar, mas eu não tomava o dela, permanecia como observadora. Meu roteiro acompanhava a sua hesitação. Ela se deixava acariciar durante muito tempo, permitia que Jacques entreabrisse suas coxas, colocasse o membro o mais perto possível da sua fenda, mas não permitia que ele a penetrasse. Entretanto, ela não se defendia de forma brusca; podia responder furtivamente e com doçura às carícias dele. Em outra versão, ela ficava nua no meio do quarto, contorcendo-se de maneira provocante antes de deitar ao lado dele. Jacques se masturbava; eu acompanhava de perto o aumento da sua excitação. Ele gozava solitariamente, com o sexo apertado na mão, o corpo dobrado, em sucessivos estremecimentos. Às vezes, eu imaginava que Blandine transitava pelo quarto branco de Bernard, onde fazia a mesma coisa. Não sei mais se Jacques ia ao encontro deles ou ficava de fora, ainda mais frustrado. Entre as fantasias masturbatórias que eu usava antes daquilo que posso chamar de período de alienação, e que recuperei depois, existe uma na qual estou amarrada, nua, numa espécie de coluna de madeira, no meio de um grupo, principalmente de homens, também nus, aos quais se misturam algumas mulheres que estão presentes, mas não têm forma (em virtude do poder que tem nosso pensamento de atribuir existência a seres que, mesmo num quadro de realidade, permanecem como ideias e vivem nele como correntes de ar). Essas pessoas copulam diante de meus olhos, roçam em mim ao passar, mas tenho que esperar muito tempo, pedir em voz alta que cuidem de mim, abrir as pernas, girar o quadril para todos os lados e empurrar meu púbis para a frente tanto quanto as cordas permitem, sentir minha excitação beirar o horror, antes que alguém resolva, finalmente, me desamarrar e me penetrar. Nesse instante, deixo vir o espasmo do prazer.

No umbral da porta

Eu havia feito análise muito tempo atrás. Embora sempre tivesse pensado que isso tinha me feito bem, o que era confirmado por aqueles à minha volta que me achavam menos introspectiva, menos agressiva — a ponto de uma amiga se divertir dizendo que os psicanalistas deveriam me pagar (me reembolsar!) por fazer uma publicidade tão boa deles —, muitos elementos referentes a essa análise não estão muito bem-definidos na minha cabeça. Lembro-me vagamente dos exatos motivos que me levaram a fazer análise, do que me fizera parar depois de quatro anos, e me lembro menos ainda do que era dito durante as sessões, exceto algumas boas histórias para serem contadas entre ex-analisandos, comparáveis àquelas que antigos colegas de escola trocam entre si, zombando do rigor imposto no passado.

Meus pais ainda eram vivos, e pode ser que minhas relações com eles, particularmente com minha mãe, que tinha períodos de grave depressão, ainda me mantivessem presa às dificuldades da infância e da adolescência. Hoje minha tendência é pensar que minha saída brutal do círculo familiar (fugi, voltei e fui embora definitivamente) explique, para poder justificá-lo a meus olhos e aos dos outros, o exagero dessas dificuldades. Eu vivi, é verdade, num ambiente de brigas incessantes pontuadas por gritos e bofetadas entre meu pai e minha mãe, minha mãe e a mãe dela, entre mim e meu irmão. Logo cedo, desconfiei que as ausências de meu pai e a presença constante de um amigo de minha mãe em casa não correspondiam ao modelo de uma família como as outras. Mas algumas boas lembranças estão misturadas às más (minha mãe, que eu achava bonita e me ensinava a ser vaidosa, a cumplicidade com meu pai, cuja vida parecia ser mais atraente do que a do resto da família mantida a distância, as férias em Quiberon, em uma casa no fundo de um jardim estreito e comprido, mas que ficava ao lado de um amplo terreno esportivo cujo muro pulávamos sem dificuldade, e que era tão pequena que parecia aquelas casinhas de boneca nas quais as crianças adoram se isolar...). Acima de tudo, eu havia atravessado essas dificuldades corajosamente: isso me atribuía uma singularidade da qual me vangloriava, um "saber" sobre a existência do qual me prevalecia na hora do recreio. Até que, alguns anos mais tarde, e como muitos jovens adultos que dispõem de alguns rudimentos de psicanálise, tive necessidade, para afirmar minha identidade, de romancear e dramatizar o primeiro período da minha vida. Eu tinha longas conversas com um amigo da mesma idade, filho de uma mulher volúvel e de um homem que ele não conhecera. Chamávamo-nos mutuamente de "David Copperfield". Era uma brincadeira, mas acreditávamos um pouco nela.

Fiz análise durante os últimos anos da minha vida em comum com Claude, anos durante os quais, tomados por aquela confusão de sentimentos produzida pela sofreguidão sexual, tínhamos cada vez mais confrontos, dando-me a terrível impressão de reviver com ele o mesmo tipo de relação entre meus pais. Eu estava ficando mais ligada a Jacques, o que acentuava a defasagem da vida com Claude. Esta se tornava ainda mais complicada pelas nossas divergências na direção da *Art Press*. Desde que saímos das ruas calmas de Bois--Colombes, senti-me incontestavelmente solidária com tudo que ele fazia, mas quando foi preciso tomar decisões, na hora das dificuldades financeiras, sobre o futuro da revista que fundáramos juntos, não concordei com ele. Claude era autoritário, e eu, mesmo que de maneira mais discreta, também era determinada, e vivi essa situação como um conflito interior.

Quando me perguntavam, eu dizia que tinha sido a morte acidental do meu único irmão, três anos mais novo, que me levara a fazer análise. Era uma resposta decisiva e plausível que dispensava maiores explicações. Esse acontecimento, na verdade, deve ter sido mesmo decisivo, não porque eu precisasse de ajuda para superar meu sofrimento, mas, pelo contrário, porque isso desencadeou em mim uma reação de vitalidade. Sofri muito com essa partida, e até o meu próprio fim sentirei a profunda tristeza de não poder, na idade adulta, continuar partilhando a memória da infância com esse irmão. Passadas, porém, as primeiras semanas, durante as quais se manifesta de forma inevitável a culpa do que ficou vivo diante da morte prematura e injusta do outro, e depois de ter posto conscienciosamente à prova minha tristeza perguntando-me se eu preferiria perder um braço, ou a visão, em vez de perdê-lo, fui tomada pela sensação de uma responsabilidade, de um enorme desejo de agir, como se estivesse dopada. Eu era a filha, mas usava o sobrenome da família, único ponto de ancoragem no pântano familiar. Tinha muitos projetos para a *Art Press*. Sabia muito bem que as inquietações neuróticas eram um entrave. Pedi a Jacques que se informasse e me recomendasse um bom psicanalista.

Três vezes por semana, eu descia do metrô na estação Saint-Michel, subia até a metade do bulevar e entrava na rua Soufflot, no fim da qual ficava o consultório do doutor C.M. Levava minha pequena bagagem de ruminações de que hoje, já disse, teria dificuldade de me lembrar. Desenrolar do novelo familiar? Comportamento de minha mãe que eu sentia como um assédio? Retalhamento entre Claude e Jacques? Entretanto, as sessões deviam me aliviar, porque quando fazia o caminho de volta pelo bulevar, ao longo do qual há várias lojas de roupas baratas, meu pescoço estava sempre virado para não perder nada do espetáculo das vitrines, e ainda me lembro de compras modestas, mas que me deixavam feliz! Um dos raros temas tratados durante minha temporada no divã e que surge espontaneamente diz respeito à minha leitura do romance *Orlando*, de Virginia Woolf. Isso estaria ainda ligado ao fato de que o analista me pediu para lhe emprestar o livro, me fez esperar vários dias quando o pedi de volta, algum tempo depois, e acabou confessando que o tinha perdido, o que aumentou a perturbação causada pela leitura do livro. Por causa disso, nunca mais o reli, nunca comprei outro. Será que o personagem de Orlando, que muda de sexo durante a narrativa, me tocou porque eu acabara de perder meu duplo masculino?

Porém, mais do que as maiores ou menores infelicidades da infância, mais do que as dificuldades da vida em comum, o principal sentimento responsável pelo meu mal-estar não seria talvez essa ambição escondida lá no fundo, esse caule resistente que me sustentara quando eu era criança, em volta do qual meus sonhos se enrolaram, quando eu teria ficado sufocada, acreditando que realizava esses sonhos? Aos 12 anos, inocente e conformada, eu estava convencida, mas nunca teria coragem de assumir, que queria escrever poemas ou romances. Aos 18 anos, eu apenas queria escrever. Aos 22, eu já publicava, havia dois anos, artigos em jornais de arte. Ocupei rapidamente um lugar respeitável num meio profissional que correspondia às minhas expectativas. Aos 24 anos, tinha fundado minha própria revista. No entanto, a ambição afundara nas areias movediças do inconsciente à medida que eu me agitava no trabalho e, esquecida, ela permanecia insatisfeita sem que eu soubesse identificar as causas dessa insatisfação. Tudo aquilo que eu adquirira estava tão de acordo com a lógica fluida dos meus devaneios que eu nunca saíra de verdade do comodismo das suas promessas, e não entendera que não bastava ter desejos, era preciso, às vezes, empreender a sua realização, forçar o destino. A partir do momento em que meus pais e a escola não impunham mais minhas tarefas nem minha conduta, deixei-me levar pelos encontros, pelas oportunidades que aproveitei, mas nunca provoquei. Claude demonstrou certamente mais força de vontade na criação da revista que eu mesma. Entretanto, uma vez que eu era responsável por ela, nunca fraquejei, quaisquer que tenham sido as dificuldades.

Em suma, eu tinha apetite, vontade, mas não tinha, ou perdera, um objetivo. Acredito profundamente que o desejo de escrever venha como uma necessidade em si e que o verbo "escrever", assim como "respirar", seja essencialmente intransitivo. Todas as vezes que essa palavra foi aplicada a artigos e ensaios sobre arte, eu podia acreditar que estava respondendo a essa necessidade, mas ignorava que estava, na verdade, esperando a fada madrinha, o encontro fortuito com o mestre ou com o mais velho que, segundo o mito (cf. Kris e

Kurz!) me levaria a escrever de outro modo, sobre outra coisa, e essa espera abria um vazio em mim, à beira do qual eu sentia angústias confusas e intermitentes.

Pensei em retomar a análise; falei com Jacques e discutimos isso sentados à mesma mesa perto da qual eu havia dito a ele que encontrara as fotos da mulher grávida e nua, mas dessa vez com os cotovelos apoiados e olhando para ele. Mais de um ano havia se passado, as crises nos cansavam, tanto um quanto o outro, e nos fechavam num impasse. Não creio que Jacques tenha feito confidências a alguém — talvez a Bernard, mas ele o via pouco — e, quanto a mim, só durante as crises eu lamentava a ausência de uma terceira pessoa, um intercessor a quem teria pedido para traduzir o que eu não conseguia explicar. Às vezes eu repetia mecanicamente, quando minha agitação diminuía, que era preciso que "alguém venha", mas esse alguém era apenas, provavelmente, o Jacques onisciente e misericordioso que eu esperava desesperadamente. Não saberia a quem me dirigir. É possível que as pessoas à minha volta percebessem alguma coisa, que um amigo constatasse uma tristeza excessiva, que um vizinho me ouvisse chorar, que minhas companhias achassem estranhas algumas palavras que eu pronunciava. Algumas vezes, pensei ter percebido uma reação desconcertada, o que fazia com que eu tentasse me recompor, temendo menos me mostrar do que ter que me explicar. Uma ou duas experiências me fizeram compreender bem cedo na vida que o que eu mais detestava eram as confidências, tanto as ouvidas quanto as que eu poderia fazer, e a meus olhos era essa a verdadeira falta de pudor, bem mais do que o ato de tornar pública, através da escrita ou de imagens, a intimidade. As confidências obrigam os interlocutores a uma reciprocidade — aquele que fala, espera atenção, conselhos, compaixão da parte daquele que escuta e que não pode ignorar sua responsabilidade —, enquanto há sempre uma distância separando o público daquele que se expõe, mesmo que seja a altura de um palco onde uma stripper tira a roupa, sendo que ela só espera do público a reação convencional dos aplausos.

Pensei na psicanálise com um certo distanciamento, como se não soubesse nada sobre ela e estivesse respondendo resignadamente ao bom senso, e tomei minha decisão dizendo logo o que ia fazer, porque a palavra consolida e nos sentimos comprometidos. Havia o problema do dinheiro. Eu não ganhava quase nada na *Art Press*. Combinamos que Jacques me adiantaria o dinheiro e eu o reembolsaria à medida que recebesse algum extra, com os prefácios dos catálogos, as conferências e algumas economias que eu tentaria fazer. No dia seguinte, assim que cheguei ao escritório, pedi à recepcionista que encontrasse o doutor M. Ela o fez imediatamente; era uma moça fina e alegre, de quem eu gostava muito. Fiquei surpresa com meu próprio bom humor, com a facilidade com a qual se iniciava um processo cuja duração e dificuldades, no entanto, eu conhecia. Telefonei. O bom dos psicanalistas é que falamos diretamente com eles: não há secretária cujo tom autoritário nos intimida e que propõe uma consulta dois meses depois; eles falam muito perto do aparelho, sua voz macia nos conquista, ficamos imediatamente na presença deles. Tive tempo, porém, de repetir antes de desligar: "Sou Catherine Millet, fiz análise com o senhor há vários anos, e gostaria de voltar."

Desde que eu deixara de frequentar a rua Soufflot, tive que enfrentar a morte de meu pai e, em seguida, alguns meses depois, a morte violenta de minha mãe. Durante muito tempo, minha vida se organizara em função da vigilância constante que ela exigia, por causa da sua saúde psíquica, de seus telefonemas diários logo cedo pela manhã, que muitas vezes me acordavam, das visitas que eu lhe fazia, em casa ou no hospital, durante as quais eu tentava em vão tirar da água o corpo de uma afogada, mais pesado do que o meu, e dos encontros com os médicos, cujas opiniões eram tão contraditórias quanto o comportamento dela. Ela me puxava para me beijar e logo gritava, porque ao me aproximar eu esbarrara no soro que a alimentava, e ela se machucara. Ao mesmo tempo, estavam se desenrolando as etapas mais decisivas para o futuro da revista, o que, de outra forma, também me preocupava. No entanto, nem de longe eu pensara em voltar a fazer análise, nem mesmo quando não tinha mais nada a dizer a não ser: "A morte da minha mãe me deixou arrasada." Fiz esse resumo para o doutor M. e concluí dizendo que era inacreditável que eu, o protótipo da sexualidade livre, voltasse a procurá-lo por causa de uma história ridícula de comédia teatral. Ele me respondeu retirando dois dedos do braço da sua poltrona. Minha última sessão com ele tinha sido há quase vinte anos. No início da consulta ele me disse que eu "não tinha mudado". Na hora, entendi que isso era uma observação gentil que me deixou no mesmo estado de espírito de quando inventei aquela história de cirurgia plástica, ou de quando conversara com o motorista de táxi: uma espécie de garantia de normalidade. Acho que estava sentada bem ereta na minha cadeira, e poderíamos estar conversando em qualquer situação corriqueira. Depois, quando saí, achei que ele quisera fazer alusão ao fato de que, depois de todo esse tempo, eu não havia progredido muito na resolução de meus conflitos interiores. Fora dada a partida.

Quando penso outra vez naquela segunda série de sessões que me ofereciam momentos de quietude familiar, por mais breves que fossem, por causa de tudo aquilo que as acompanhavam — o passeio, mesmo rápido, por um bairro onde eu tinha morado e do qual guardara lembranças agradáveis, porque fora ali que eu experimentara minha liberdade depois de deixar Claude, ou ainda as longas pausas na sala de espera que abriam brechas numa vida cansativa —, é sempre para a bela luz que banhava o novo consultório do doutor M. que sou imediatamente transportada. Ela me impregnava, e eu ficava sempre maravilhada. Ele agora estava instalado numa rua do Marais, num antigo casarão, e o consultório e a sala de espera ocupavam uma espécie de sobreloja numa ala perpendicular ao prédio principal. Três paredes possuíam janelas, que produziam uma iluminação igual e atenuada porque o teto era muito baixo. Por sorte, o divã ficava voltado para o lado mais luminoso, o enorme pátio, cercado de paredes brancas, porque o casarão acabara, talvez, de ser restaurado. Encontrei o mesmo ambiente do pequeno apartamento onde eu havia morado anos atrás, na mesma rua, a alguns números dali, o primeiro que eu tinha alugado sozinha e que também recebia luz de três lados. Muitas vezes, ao sair do consultório, sentia-me feliz, mesmo que estivesse ao mesmo tempo emocionada, e olhava, aliás, com curiosidade, quase com um pouco da condescendência de uma aluna estudiosa, aqueles que saíam com o rosto sério, o queixo retraído, com lágrimas nos olhos; eu pensava ter dito algo sobre o qual valesse a pena continuar a refletir, que eu pensaria naquilo até a próxima sessão, mas, quase com a mesma frequência, eu tinha que me render à evidência de que os pensamentos que me perturbaram e as palavras que eles suscitaram não iriam sobreviver fora do lugar aconchegante em que nasceram, e que a animação da rua dos Archives, que eu descia para pegar o metrô, faria com que tudo se dispersasse.

Algumas dessas reflexões permaneceram, apesar de tudo. Um dia em que eu dissera ter inveja de Jacques pela facilidade com a qual ele imergia, quer dizer, imergia no prazer — e ao dizer isso, será que eu estava pensando nas fantasias que sempre terminavam na imagem nítida dele no momento do gozo? —, M. pediu que eu insistisse nessa ideia. Não tive dificuldade em reconhecer que eu mesma não sabia imergir, no sentido literal, pois nunca fora capaz de aprender a nadar corretamente, aterrorizada com o abismo que se abria sob mim quando eu tentava me estender na água. Quanto à imersão no prazer, ela não tomava mais os mesmos rumos. Eu não dava mais aquelas saídas noturnas, durante as quais mergulhava, liberada do meu livre-arbítrio, numa passividade agradavelmente consentida, no anonimato do grande corpo da humanidade. Minhas relações com o amante lunático, aquele que brincava comigo como a criança com o carretel, na brincadeira do *Fort-Da*, tinham terminado completamente. Pela primeira vez na vida, eu estava sexualmente a sós com Jacques; as crises não nos impediam de transar e nossas relações tornaram-se até mais frequentes.

Estaríamos mesmo a sós? Será que não havia a intervenção de um terceiro par de olhos, os dessa Observadora que me possui desde criança e que incessantemente desdobra minha consciência, substituta do olho onipresente de Deus, mas também roteirista da minha vida? As coisas se organizavam assim: a Observadora, que no caso substituía a Sonhadora, abria para mim as portas do mundo de Jacques, no qual eu vinha tomar o meu lugar do mesmo modo que suas outras amantes. Ela me fazia entrar nele como uma nova hóspede, sem passado, sem história, e por isso mesmo capaz de se deixar ficar ali. Um novo cenário, como um quarto de hotel onde nos hospedamos pela primeira vez, um simples encontro num lugar não habitual ajudam, é claro, a mudar de ares. Mas, graças ao poder particular da Observadora, eu podia desfrutar disso entre nossas paredes habituais. Sempre tivemos um grande espelho de moldura dourada apoiado diretamente no chão do quarto. Nunca tinha pedido tanto para ficar diante dele, de lado, inocentemente encantada em constatar a facilidade com a qual os movimentos mecânicos faziam desaparecer e reaparecer o sexo de Jacques, por trás da colina da bunda refletida, e o prazer vinha da exata conjunção entre a sensação obtida pelo contato do membro indo até o final e o olhar que avaliava o encaixe desse membro. Outras vezes, a Observadora adotava um ponto de vista social e mais conformista. Ela tomava emprestados os olhos do recepcionista do hotel que recebia com benevolente cumplicidade um casal de amantes, ou do atencioso funcionário dos vagões-leito que vinha preparar as camas.

Outras vezes, ela desaparecia atrás da Leica ou da Sony. Nossas relações sexuais representavam períodos de relaxamento muito bem-vindos, pois no restante do tempo estávamos sempre em guarda, crispados. Tínhamos então tendência a tornar particularmente lúdicas as sessões de fotos que, às vezes, serviam de suas preliminares. Quanto a mim, elas alimentavam, relançavam meu cinema interior. Jacques sempre tirou fotos minhas nua ou quase nua, de preferência em cenários pouco convencionais: depósitos de carros velhos, igrejas, pontos históricos, longe dos grupos das visitas guiadas... Ele gostava de escolher os lugares mais estranhos, e se durante os preparativos eu sentia frio, ou rasgava o vestido aberto num para-choque torto, ou era surpreendida por um visitante ou um segurança, eu esquecia o medo, enquanto a objetiva da câmera estivesse dirigida para mim. Do monstruoso monóculo preso ao olho de Jacques emanava uma irradiação que me vestia quando eu já não tinha mais nada sobre mim, e eu ficava à vontade para me deslocar no campo do visor; ali, eu me sentia protegida. Quando a diretiva era andar em direção a ele, eu me perdia nesse raio, e enquanto Jacques mirava, eu via apenas aquele conduto negro pelo qual seria aspirada, assim como o gênio volta para a lâmpada mágica.

Durante minhas errâncias, transei uma vez com um desconhecido que me proibira de fechar os olhos durante todo o tempo em que me penetrava. "Olhe para mim", ele dizia num tom autoritário, quase severo, "olhe bem nos meus olhos". Fiz o que pude, e se não esqueci essa relação é porque tive um prazer extraordinariamente intenso. A troca dos nossos olhares criara uma espécie de hiperconsciência da nossa união física e instalara, paradoxalmente, uma distância que gerava o prazer. Eu o via olhando para mim, e como os traços do rosto geralmente se imobilizam no momento em que a agitação da parte de baixo do corpo é a mais importante, eu via a expressão dele e seus olhos petrificados por essa visão, e me via através dele no estado que supomos ser o mais degradado — o que não significa, evidentemente, que eu julgasse a mim mesma, nem aquilo que fazíamos, mas sim que, como todos aqueles que, pelo contrário, excluem a moral das relações sexuais, eu sentia necessidade de apelar inconscientemente para ela a fim de poder gozar a transgressão: eu me via reivindicando obstinadamente a mais imediata satisfação. Entretanto, só compreendi tão bem assim todos esses meandros do prazer quando o novo estilo das minhas relações com Jacques fez com que eles surgissem, e as câmeras fotográficas e digitais contribuíram muito para minha tomada de consciência. Quando nossa sessão de exibicionismo e voyeurismo prosseguia no coito, Jacques olhava alternadamente nossos corpos, nossos sexos e o visor de controle do aparelho que ele segurava — que só mostra, é claro, os closes —, e mesmo que eu não tenha acesso à imagem, essa midiatização é um extraordinário afrodisíaco. Isso é tão verdadeiro que, mesmo na ausência do material, recriamos as condições. Fazemos carícias um no outro e, de repente, eu me afasto uns dois ou três metros. De costas, debruçada para a frente, afasto as nádegas para expor o buraco do ânus e mostrar o bosque da vulva, como a imagem que se desdobra quando abrimos as páginas de um livro em relevo, e pergunto se ele está vendo tudo bem; implicitamente, medimos a distância, e durante alguns instantes ela fica tão intransponível quanto se estivesse num palco ou numa tela. Com o corpo dobrado, não faço mais nada a não ser tentar entrar na imagem que apresento a ele. No que diz respeito à imersão, é nas imagens que me absorvo. Serei a única? Existe, para o ser humano, prazer fora da *obscenidade*? Mesmo quando os corpos estão em estreito contato, não existiria um desvio através de uma projeção fantasiada para além desse contato — através de um espetáculo, mesmo que ele seja mental?

Não consegui, portanto, seguir a sugestão do doutor M. Eu invejava Jacques, que desfrutava do seu paraíso sexual sem pensamentos atravessados. Dizia a mim mesma que, comparada a ele, eu me enganara. Desde a primeira vez, já distante, em que compreendi que não era a única mulher que Jacques recebia no seu apartamento de solteiro, eu me defendi do ciúme gabando-me, na carta que deixei para ele, de ser a mais liberal de todas. Tinha continuado a insistir na ideia de que a sexualidade era meu território por excelência, e quando encontrava obstáculos ou inconvenientes em outro lugar, eu dispunha, para me tranquilizar, me lisonjear, me fazer esquecer, me acalmar, de um território onde não havia entraves para mim. Mas será que esse sentimento de liberdade não me tornara negligente, e, ao me abandonar ao sabor dos encontros, eu não teria deixado o prazer demais ao sabor do acaso? Será que eu não deveria ter me comportado de maneira menos despreocupada, sem me dispersar, para melhor conhecer os caminhos singulares do meu prazer? Eu fazia perguntas que podiam ter saído de um manual de sexologia, e atribuía a Jacques um conhecimento da felicidade sexual que eu fora incapaz de alcançar. Durante uma sessão, exprimi essa convicção diante de M., declarando que Jacques "roubara minha especialidade".

Eu também não tinha muito talento para a análise de sonhos, dos quais me lembrava com muita dificuldade. Quando eu os anotava e relia no dia seguinte, me pareciam totalmente estranhos, e eu ficava rapidamente desencorajada. Por outro lado, era prazerosamente sensível à sua atmosfera, mesmo quando ela era opressora ou aterrorizante, e não gostava de interrompê-la com uma tentativa de interpretação; teria preferido ficar suspensa como uma nuvem acima de uma paisagem serena. Entretanto, um dia, cheguei à sessão com um sonho. Hoje, ele está em grande parte apagado, mas aqui está o que guardei dele. Passava-se no consultório do psicanalista. Contrariamente ao hábito, ele não vinha abrir a porta convidando-me a entrar, porque ela já estava entreaberta. A porta de comunicação entre a sala de espera e o consultório ficava situada mais ou menos no meio, num estreitamento do espaço, uma espécie de corredor, de modo que, quando passei pela porta, no sonho, percebi o doutor a uma certa distância, de pé no meio do cômodo. Havia uma mulher sentada ao lado dele. É só. Tenho dúvidas sobre a identidade dessa mulher: não sei mais se era uma desconhecida, uma projeção de mim mesma ou um *morphing** entre as duas, como acontece constantemente nos sonhos. A cena não era sexual e, aliás, não me lembro de gestos nem de palavras particulares, mas ela me deixou uma impressão de afetuosidade, de agradável ambiguidade.

Depois desse sonho, uma cena bem real, passada na minha adolescência, me veio à memória. Durante vários anos, minha mãe teve aquele amigo que passava muito tempo na nossa casa, às vezes vários dias seguidos, quando meu pai se ausentava. Ele nos era tão familiar que meu irmão e eu o chamávamos de Papy. Sem que nenhuma ordem nos tenha sido dada, nunca falamos desse homem na frente de meu pai, prova de que antes mesmo de sermos capazes de conceber a natureza das suas relações com a nossa mãe já desconfiávamos de que elas eram duvidosas, proibidas, e que era preciso escondê-las. Mas, na idade em que a sexualidade se torna uma

---

* Termo de informática que designa o procedimento pelo qual uma imagem se funde e se transforma em outra. (N. da T.)

preocupação mais explícita, aconteceu que eu surpreendi Papy e minha mãe beijando-se furtivamente na entrada do apartamento. Eu vinha pelo corredor que levava aos quartos e os vi, na outra extremidade da entrada, no umbral da porta. Minha mãe estava de costas, mas, se eu fechar os olhos para me lembrar da cena, é seu rosto que vejo, com aquela vaga languidez nos traços e no olhar que acompanha a prática tranquila dos gestos amorosos. Fiquei chocada, mas não sei dizer exatamente por quê: não devo ter pensado na traição que aquele beijo podia representar em relação a meu pai, pois admitíamos que eles tinham cada um "sua vida", como eu ouvira dizer, e eu sabia que meu pai também tinha uma, ou até mesmo mais, amante. Acho que o que senti foi um temor mais generalizado diante da revelação sexual que acontece no momento da puberdade, reflexo de pudor extremo, de proteção, antes que a adolescência caia sob o domínio dessa revelação, e que é sentido mais particularmente diante dos pais, quando descobrimos que, apesar de sua sabedoria e autoridade, eles também estão submetidos a isso. Se, em vez de contar tudo num livro, eu escolhesse fazê-lo no teatro, o mesmo cenário poderia servir às duas cenas, o sonho e a lembrança. Simultaneamente a certas imagens que nos permitem identificar rostos, objetos, paisagens e estabelecer inconscientemente analogias com outras parecidas, também se inscrevem na nossa psique estruturas mais abstratas, disposições do espaço que "reconhecemos" sob qualquer roupagem, seja o papel pintado do apartamento familiar ou as paredes claras do consultório do psicanalista. Ou seja, da mesma maneira que adaptamos diariamente o espaço às nossas necessidades e o submetemos à nossa vontade, porque somos todos mais ou menos os senhores Jourdain* da arquitetura, existem também pedaços de espaço resistentes, aqueles que ficam dentro de nós, e que de certo modo nos fazem prisioneiros a partir do nosso próprio interior. Eu estava condenada ao espaço estreito do corredor e à visão embaçada, mas enquadrada, de um casal.

M. aconselhou-me a leitura de um romance de Marguerite Duras, *O deslumbramento*. Era a primeira vez que ele me aconselhava uma leitura! Eu sempre deixava de lado as obras de Duras, talvez porque, como os sonhos, elas sejam muito enigmáticas e exijam que o leitor vá até o fundo de si mesmo buscar os elementos que faltam ao quebra-cabeça, e eu prefiro me deixar levar de maneira mais sub-reptícia e preguiçosa por uma ficção. O comentário de Jacques foi de que esse era um romance que "sempre interessava muito aos psicanalistas". Mergulhei nele; dessa vez, como se costuma dizer, a coisa funcionou.

Não esperamos forçosamente as mesmas satisfações de todas as formas de arte, e, quanto a mim, é através da leitura que tenho prazer em penetrar paisagens, explorar mundos, enquanto minha tendência é ir ao encontro das figuras através das obras de arte. É normal que tenhamos vontade de nos identificar com esculturas ou pinturas, que são nossos *alter ego* inertes, porém duráveis, e que os livros, por outro lado, precários, porém nômades, nos façam sair de nós mesmos, nos façam viajar. As paisagens de Poussin são magníficas, mas o que me toca é a pose dos corpos e o frescor dos rostos;

---

* Personagem de *Burguês fidalgo*, de Molière, sempre preocupado com as aparências. (N. da T.)

nunca apreciei muito Caspar David Friedrich; e se gosto tanto dos grandes quadros dos abstracionistas americanos é porque, a seu modo, eles se dirigem ao corpo. Gostaria de ter a aparência e de me vestir como os jovens dos retratos maneiristas, mas com quem eu me identificaria ao ler *Moby Dick*? Com Ahab? Com o narrador? Nem com um nem com outro, vou para o mar sem me preocupar muito com eles. Será que é possível que alguém se emocione com o transparente narrador de Proust? Swann não seria mais interessante do que simpático? No entanto, à medida que o romance vai revelando sua topografia, vamos entrando nele como num labirinto. Até mesmo a empatia que sinto pelos comoventes personagens de Bernanos deve-se tanto ou mais à atmosfera terrosa e úmida que os impregna do que à maneira pela qual eles se conduzem como santos ou demônios.

Além do mais, "entramos" num livro, que é um objeto em três dimensões, para encontrar ali a quarta dimensão do tempo, enquanto viramos suas páginas. Satisfação de ter rapidamente na mão esquerda uma parte mais espessa, mais sombria, do acúmulo de todas as letras impressas, obscuridade do espaço já percorrido que é o passado para o qual nos voltamos. Fico impaciente para sentir fisicamente a densidade desse tempo concluído, tempo da narrativa com o qual se confunde o da minha leitura, que é um segmento do meu tempo de vida, consagrado a estabelecer um espaço que às vezes transfigura meu ambiente real, e que logo vai me fazer lamentar a precipitação, porque será muito difícil deixá-lo. Nunca emendo um livro em outro, espero sempre alguns dias, preparando-me para deixá-lo, pelas mesmas razões pelas quais permanecemos em silêncio ao sair de uma sessão de cinema: atravesso uma fronteira que me impõe uma quarentena.

Logo imaginei as ruas da cidade que Lol V. Stein, personagem do romance de Duras, vem percorrer outra vez, seguindo os passos de um casal: assimilei-as ao lugar onde morava a autora, evocado pela capa da edição de bolso que eu havia comprado, o passeio da praia de Trouville. Elas também vieram se juntar às reminiscências de cidades à beira-mar, desertas fora de estação, e que situo obrigatoriamente no Atlântico, mais exatamente na Bretanha, em Quiberon. As imagens que tenho vêm das minhas férias de criança passadas ali. Como meus pais alugavam uma casa por três meses, as férias eram longas, e, a partir de meados de setembro, quando íamos à praia, andávamos pelas largas ruas residenciais já quase vazias, ladeadas de casas enormes cercadas de jardins, com seus muros baixinhos e vazados. É claro que eu aspirava a uma vida que um dia me permitisse entrar naquelas casas.

Imaginei as cenas nas quais Lol V. Stein, escondida num campo de centeio, espiona o casal que aparece à janela de um hotel, a partir de várias referências. É quase certo que o famoso quadro de Andrew Wyeth, *Christina's World*, uma jovem deitada na relva que observa ao longe uma casa numa elevação, tenha servido de modelo, embora eu nunca tenha apreciado a obra desse pintor. Nosso inconsciente nem sempre conhece nossos gostos. Mas era preciso completar a paisagem com árvores, pois o hotel no qual o casal se encontra se chama Hotel do Bosque, bem como imaginá-la à noite, e as fontes desses elementos são mais vulgares. Acho que sobrepus imagens publicitárias de hotéis de luxo, em meio a árvores muito altas, fotografados num crepúsculo idílico, e ilustrações de contos infantis nas quais podemos ver, no meio de uma densa floresta, uma luz iluminando um castelo.

Minha transposição mental manteve nesses dois cenários o caráter despojado sugerido pelo estilo de Marguerite Duras. O cuidado com que ela situava com exatidão os personagens no espaço, uns em relação aos outros e a certos pontos desses cenários, como porta, porta envidraçada, terraço, bar ornamentado com plantas, rodoviárias, levou-me a assimilá-los a essas figurinhas que são distribuídas arbitrariamente nos desenhos e maquetes de arquitetura, em poses fixas. Gosto muito desse modo de representação, porque solidifica o espaço entre as figuras, mantendo-as presas. Seus gestos suspensos dão a impressão de que carregam o espaço nos braços; há um efeito de aderência entre eles. Ora, essa aderência ao mundo é a mesma da criança crédula e desarmada, incapaz de se livrar do golpe que a atinge ou de tirar os olhos do espetáculo que a fascina, que tem de seu breve passado uma ignorância de recém-nascido que ainda não sabe que possui um corpo autônomo. Senti a amnésia da heroína de Marguerite Duras, seu laconismo, sua passividade, como os sinais dessa aderência. Num mundo por demais coercitivo, tornar-se tão mineral quanto aquilo que nos esmaga, colocar-se nele como um fóssil, é uma solução.

Os dois outros protagonistas do romance comentam os passeios solitários de Lol V. Stein. Eles supõem que, ao caminhar, ela "reviva o passado", se lembre o tempo todo do baile em que viu aquele que amava ir embora com outra, e depois do qual caiu em prostração. "Uma depravada", diz Tatiana. Sublinhei "depravada". Mais adiante, o homem, consciente de que está sendo observado por Lol, quando encontra Tatiana no hotel, empurra a amante na direção da janela. "Talvez ela fique no campo de visão de Lol." E ainda mais adiante: "Ela nos viu, um de cada vez no enquadramento da janela, esse espelho que não refletia nada e diante do qual ela devia estar sentindo prazerosamente a desejada exclusão da sua pessoa." As duas frases estão sublinhadas na margem. Mais adiante, um e outro interrogam Lol: o que ela queria quando viu o noivo deixar o baile na companhia de outra mulher? Duas vezes ela respondeu: "Vê-los." Sublinhado.

Li o livro na casa do sul, no terraço, num período em que estava relaxada, e a simples recomendação dessa leitura era uma prova concreta que me fizera recobrar a confiança. Eu a recebera como uma frase de uma conversa comum que, de repente, me colocava no mesmo nível do analista, fazendo-me sair, provisoriamente, da posição de estar deitada na altura dos seus joelhos! Fico surpresa ao ver que as passagens que acabo de citar, marcadas a lápis, não tenham suscitado uma espécie de iluminação. Como é possível que elas tenham ecoado em mim sem que eu tenha deduzido que talvez contivessem uma chave que, refletindo bem, teria permitido acabar com meu sofrimento ou pelo menos esclarecê-lo, talvez aliviá-lo? Claro que meus pequenos contratempos não se comparavam com a melancolia na qual Lol V. Stein mergulha, e eu nunca fora abandonada por um homem, com ou sem aviso prévio. Mesmo quando eu me mostrava insuportável, Jacques nunca ameaçara fazer isso. Enfim, ainda que eu tenha pensado em segui-lo, algumas vezes, quando ele ia encontrar uma de suas amigas, essa era apenas uma fantasia a mais: fora das crises, restava-me bastante lucidez para avaliar, sem precisar formular, o ridículo e o risco de tal comportamento, porque isso talvez Jacques não tivesse suportado. Nunca passei à ação. Não que não tenha sido, por exemplo, atravessada por um sentimento de vingança. Um pensamento recorrente me fazia juntar todas as fotografias encontradas de uma de suas amigas e depositá-las na caixa de correspondência dela. Mas essa restituição imaginária das imagens a seus modelos, reflexos que eu gostaria de abafar como se colocasse uma tampa sobre os demônios que me perseguiam, era o bastante. Essas provas encontradas nas gavetas de Jacques foram as únicas partículas de real que toquei e, ainda assim, como já disse, com as pontas dos dedos.

Sobretudo, eu não gostaria de surpreendê-lo, porque enquanto outros homens ligados a mim fizeram amor diante de meus olhos com outras mulheres, sem que eu sentisse um ciúme particular, apenas, algumas vezes, um legítimo e pequeno aperto no coração, ver Jacques, por outro lado, realizando de verdade esse ato é para mim um tabu muito difícil de transpor. Compreendi isso quando a ocasião se apresentou, aliás, provocada por mim, no começo da nossa relação, quando contra todas as expectativas, inclusive a minha, reagi com agressividade. Já era um movimento de ciúme ao qual poderia ter vindo se juntar uma intuição: os lugares respectivos que eu atribuía, a partir de então, a um e a outro proibiam-me de ser aquela que conduz o jogo — e não acredito que ele, pelo menos comigo, tivesse tomado a iniciativa numa situação dessas. Pois bem, já que eu poderia, de minha parte, continuar levando minha vida libertina e afirmando que a liberdade sexual era "o meu forte", isso não seria mais possível na presença dele, por causa da autoridade simbólica que eu atribuía a ele no interior do casal. Era ele que decidia a natureza da nossa relação sexual, era ele o guia quando estávamos juntos.

Não me lembro de ter comentado minha leitura com Jacques, e não estou nem mesmo certa de ter voltado ao assunto na presença daquele que a recomendara. A história de Lol V. Stein me parecera clara, mas não fiz nada com ela, guardei-a. De fato, só fui interpretá-la conscientemente bem mais tarde, quando escrevi meu livro sobre Salvador Dalí, que trata muito de voyeurismo e da sensação de exclusão. Quando você acaba de atravessar um período muito cansativo, uma viagem feita em condições físicas difíceis, por exemplo, não fica tentado às vezes a retardar o momento do merecido repouso, a não se precipitar para desfrutar imediatamente o fato de ter alcançado seu objetivo? Não prefere esperar ou, ainda, realizar um último esforço, como arrumar o quarto antes de deitar, ou reunir forças para subir mais alguns metros e desfrutar de um panorama mais amplo, tudo isso para se instalar pela última vez na sensação masoquista dos músculos doloridos, para prolongá-la antes do prometido alívio? Não me livrei logo da minha ancilose. Quando li obras de psicanálise, sempre fiquei maravilhada com a evidência da solução dos casos relatados: o neurótico expunha por mais ou menos tempo suas lembranças de infância e seus sonhos. Esses, aliás, eram narrados com uma clareza que me fazia inveja; por conta de um lapso, de um detalhe num sonho, a origem da sua mania, ou da sua inibição, ou da sua fobia, saltava como salta um brinquedo da caixa do inconsciente. Eureca! Bastava um sinal decisivo, e ele podia seguir de uma só vez o fio do seu complô contra si mesmo. Não obtive um resultado assim tão brilhante, apenas comecei a melhorar, as crises se espaçaram, e chegou o momento em que disse a mim mesma que não estava fazendo análise para falar sobre meus problemas de trabalho.

O doutor M. havia se mudado, e em vez de estender minhas lembranças e meus sentimentos, como frutas que colocamos para secar, numa luz filtrada, vendo-as adquirir a coloração quente do lugar, eu falava agora num consultório que ficava num mezanino iluminado apenas por uma pequena janela redonda, e cuja sala de espera era muito escura. A entrada era por uma porta sob o pórtico do prédio, no lugar que deveria ter sido a residência da *concierge*, iluminada apenas por uma vidraça, larga, é verdade, mas que dava para o pátio interno. Uma parte dessa estreita sala de espera ficava sob o mezanino e, portanto, numa reentrância que favorecia a sensação de opressão. Eu não entrava naquele lugar com a esperança de que os pensamentos mórbidos escapassem como partículas aéreas. Teria tido medo de me confundir com a escuridão. Eu já havia começado a escrever *A vida sexual de Catherine M.* Quando recebi o contrato da editora, isso foi motivo para um alegre anúncio durante uma sessão, ainda no consultório luminoso. Agora, as sessões eram mais dedicadas a saber se eu deveria ou não parar a análise. Todas as vezes, o doutor me acompanhava até a porta dizendo "Até quinta", ou "Até a próxima semana". Finalmente, um dia, sacudi a cabeça respondendo que não, desculpei-me dizendo que precisava de tempo, "tempo para escrever esse livro". Desci correndo a escada que ligava o consultório à sala de espera. Posso dizer que fugi.

Na praia

Eu era uma jovem crítica de arte quando um editor me encomendou uma história da arte moderna. Era o final dos anos 1970, e a arte moderna e contemporânea não atraía o público de hoje em dia. A editora não propunha muita coisa sobre o assunto, e era uma prova de confiança ser encarregada desse projeto tão amplo. Autodidata, eu estava no estágio em que, visando meu próprio aprendizado, visitava metodicamente todas as salas dos museus. Comecei imediatamente o trabalho: futurismo, expressionismo, construtivismo, dadaísmo, Bauhaus e De Stijl... Li tudo o que pude encontrar, anotando em cadernos centenas de citações que me poderiam ser úteis, e consultei incunábulos, como chamaria os catálogos nos quais, na melhor das hipóteses, havia péssimas reproduções em preto e branco, impressas em papel *bouffant*. Devo ter escrito dois ou três capítulos, aproveitando principalmente as férias de verão que passávamos em Florença. Eu escrevia sob um calor sufocante, numa minúscula mesa instalada debaixo de frondosas árvores, no fundo do parque de uma casa situada na Porta Romana, onde havíamos alugado uma parte do térreo. Mas as dificuldades materiais encontradas pela *Art Press*, as incertezas sobre seu futuro preocupavam-me demais para que eu conseguisse prosseguir regularmente, ao voltar para casa. Negligenciei esse trabalho que, de qualquer maneira, exigia mais maturidade do que eu tinha. O editor que me fizera o pedido saiu da editora e não me contrataram para mais nada. Mas ficou em mim a ideia de que se um dia eu publicasse um livro seria um compêndio. Eu não conseguira realizar daquela vez tal ambição, mas ela persistia. Na época, eu tinha uma visão teleológica da história da arte, partilhada com muitos dos meus amigos artistas e dos meus colegas. Contar uma parte dessa história serviria para justificar as obras contemporâneas que eu defendia, e seria preciso que a demonstração fosse completa para ser irrefutável. Vinha juntar-se a isso uma concepção do livro ligada à minha maneira de trabalhar. Ao contrário da minha atividade cotidiana, sujeita a incidentes, um livro era um objeto raro e necessário; bastaria escrever apenas um que fosse uma espécie de obra-prima, no seu sentido antigo, com a diferença de que, em vez de autorizar o exercício de uma prática, ele fosse seu ponto de chegada, condensando a experiência e o saber adquiridos. Meu ensaio abortado levou-me a uma avaliação mais justa das minhas capacidades, e à espera, que não foi muito longa. Cinco ou seis anos mais tarde, outro editor pediu-me para escrever um panorama da arte contemporânea na França. O projeto era mais razoável. Aproveitei para tratá-lo de acordo com meu ideal, da maneira mais exaustiva possível, e entreguei um grosso original.

Percebo que minha concepção do livro é como a do amor. Apesar de libertina, certamente nunca fui volúvel. Vejo aqueles que emendam histórias de amor como se fossem pessoas de uma raça estrangeira da qual não conheço nem a língua nem os costumes. Sou de um ceticismo irrevogável e desencorajador diante das naturezas românticas que sucumbem ao amor à primeira vista. Minha experiência é tão diferente! Foram necessários muitos anos, centenas de milhares de carícias, milhares de discussões e um pequeno número de dificuldades atravessadas juntos para que, sem fazer disso, é claro, um raciocínio, eu identificasse o que sentia por Jacques como um sentimento de amor. E foi preciso ainda algum tempo para que eu dissesse isso a ele. Tínhamos acabado de mudar para nossa nova casa. De noite, com a luz apagada, eu ficava pensando. Um momento de silêncio marcava uma ruptura com o resto do dia, antes que eu me decidisse, ritualmente, a desejar-lhe boa-noite, acrescentando algumas vezes: "Te amo."

Definitivamente predestinada às obras de síntese, escrevi mais tarde um livro que englobava o cenário internacional da arte contemporânea, para uma coleção didática, o que, mais uma vez, me obrigou a limitar o tema. Depois que terminei esse livro, fiquei, pela primeira vez na minha vida profissional, sem nenhum trabalho importante. Eu estava disponível, e a ideia de escrever *A vida sexual de Catherine M.* acabou se impondo. Ela pertencia a esse gênero de pensamentos mais ou menos frívolos graças aos quais, de vez em quando, nos livramos de um cotidiano difícil ou tedioso. Planejamos fazer alguma coisa mais tarde, num futuro hipotético, que nos satisfará ou nos fará crescer, mas essa alguma coisa permanece vaga. Nunca nos damos o trabalho de defini-la. Ela poderia continuar sendo uma quimera entre tantas que ressurgiria periodicamente de forma fugaz, e nos acompanharia por toda a vida, até que nossa cota se aproximasse do fim, alimentando a esperança de uma outra vida. Foi então que pensei seriamente em fazer o seguinte: escrever uma autobiografia que falaria apenas da minha vida sexual. (Para dizer a verdade, "seriamente" é uma palavra um pouco forte, pois eu só podia imaginar essa empreitada com limitações, sem distingui-la nem imediatamente nem totalmente da fantasia.)

Agora estou escrevendo novamente um livro autobiográfico, imaginado, aliás, logo depois da publicação do primeiro, prolongamento necessário que eu não premeditara. Estou consciente das precauções tomadas: uso de expressões como "parece", "acho", uso da condicional. Uma honestidade obsessiva me obriga a assinalar quando falham a memória ou a faculdade de análise e me limito às suposições, no decurso de uma narrativa que eu gostaria que fosse, é claro, escrupulosa. Mas os esquecimentos fazem parte do material autobiográfico, e não procuro disfarçá-los. As esculturas de Picasso são feitas tanto de vazios quanto de preenchimentos, por que então a memória não levaria em conta, em parte, seus lapsos? Desse modo, estou certa de que o primeiro pensamento sobre um livro que se chamaria *A vida sexual de Catherine M.* surgiu antes da crise tratada nestas páginas, mas não posso precisar-lhe a data. Nem dizer quando falei sobre isso pela primeira vez. Às vezes, pergunto às pessoas à minha volta, para tentar despertar minhas próprias lembranças, mas Jacques também não se lembra. O que é certo é que ele tomou forma durante a crise.

A ideia ressurgiu durante uma conversa com o amigo que iria editar mais tarde o livro, e que nos falava de sua expectativa particularmente curiosa sobre romances ou narrativas feitos por mulheres que revelassem o ponto de vista delas sobre a sexualidade. Jacques me encorajou muito: "Você deveria fazer esse livro..." Ouço-me respondendo: "É, é... até agora, todos os que eu fiz deram mais ou menos certo..." Eu falava deste livro como se fosse mais um livro de arte. Embora eu ainda não soubesse exatamente o que iria colocar nele, nem como iria fazê-lo, sentia-me bastante segura. Não era o contentamento que sentimos quando se apresenta a ocasião de realizar um projeto ou uma antiga esperança. No máximo, isso suscitava uma alegria ligada ao caráter estranho do empreendimento. Também não estava nervosa. Tive a mesma sensação dos 20 anos, quando achei normal que o meio artístico me acolhesse, simplesmente porque eu sonhara com isso. Se eu dava a Jacques uma resposta convencional, era menos para sentir conforto na minha decisão do que, ao contrário, para controlar aquilo que poderia passar por arrogância.

Apesar de tudo, eu tinha uma preocupação: com aquilo que antigamente teriam chamado de "estilo", e que chamariam agora de "escritura". Uma grande parte da minha cultura vem das vanguardas, e as obras contemporâneas que me interessam tiram delas suas referências, por isso eu achava que uma coisa escrita que não tivesse uma função jornalística ou didática tinha que se apresentar obrigatoriamente sob uma nova forma. Como os pintores que eu admirava, e que haviam reinventado tudo a partir de um pedaço de tela crua, eu também pensava que era preciso encontrar um jeito inédito de colocar as palavras umas atrás das outras. Eu havia guardado em caixas de papelão os poemas, caligrafados cuidadosamente em papel Canson, que havia escrito aos 15 ou 16 anos e mostrado ao professor de matemática. Ele os devolvera com anotações, como se tivesse corrigido uma redação escolar. Criticava a paginação original que eu tinha procurado fazer, com parágrafos, alíneas, às vezes no meio de uma frase. "Sempre o mesmo problema de disposição!", ele escrevera na margem. Havia também alguns elogios. Eu tinha mostrado a ele uma novela, inacabada, narrativa da deambulação de uma mulher, que não tinha nome, por uma cidade desconhecida e deserta. Ela entrava em uma casa escura e misteriosa. Ali, outra mulher, "forte e com um vestido reto e negro", tomava-a pela mão e a conduzia até um grupo. Meu mentor colocara "muito bom" ao lado de uma frase que reproduzo aqui: "Sobre mesas de bar barrocas, alguns homens, quase todos vestidos de bege e cinza claro, jogavam cartas amareladas e empoeiradas com uma surpreendente brutalidade que só poderia significar indiferença." Ele havia sublinhado "de bege e cinza claro". O gosto desse primeiro leitor tinha sido contaminado pelo classicismo com o qual eu imaginara meus personagens vestidos, e concluí que o que tinha agradado era uma evocação e uma forma clássicas. Uma frase descritiva, e não cesuras inesperadas. Mais tarde, mostrei a Claude esses poemas, e outros que eu escrevera depois. Ele achou que eram bonitos, mas que isso não queria dizer nada. Nunca os mostrei a Jacques, porque ele era escritor e eu teria vergonha dessas tentativas pueris diante dele.

Assinei sem hesitação o contrato para *A vida sexual*, mas como não podia, por causa de outros compromissos, começar imediatamente, passei algumas semanas perplexa, tão desconcertada quanto 35 anos antes. Eu continuava achando que meu tema exigia a invenção de uma fórmula, assim como um cozinheiro que dispõe de ingredientes pouco usuais é obrigado a inventar novas receitas. Mas como, a partir de quê, eu ia desenvolver a minha?

Encontrei a solução numa tarde de primavera, entre a areia e o céu. Estávamos passeando por uma praia aonde costumamos ir quando venta muito; ela fica protegida ao pé de uma falésia. Naquele dia estava deserta, e, como ainda não fazia calor, a atmosfera

era mais transparente do que no verão. São as conversas durante os passeios que me são mais proveitosas, porque o espaço aberto retira minhas inibições. O pensamento é um armário que precisa, de vez em quando, ser arejado, no sentido literal. Contemplo a paisagem, fixo o vazio do horizonte ou, mais próximo de mim, a ponta dos meus sapatos pelos caminhos acidentados. Não vejo meu interlocutor, apenas sinto sua presença, que me prende com força à paisagem. Fujo do olhar que poderia me julgar, percebo apenas uma proximidade que me tranquiliza. Naquele instante, estávamos descansando. Eu estava sentada na areia e, enquanto falava, afundava nela uma das minhas mãos. Atrás de mim havia a falésia ao alto da qual, há vários anos, eu não queria mais subir. O caminho de acesso, o platô que ficava no alto, pontuado por um farol e algumas árvores, tinha sido um circuito de caminhada. Mas eu não queria mais passar por ele desde que li nos papéis de Jacques que ele fizera etapas de fornicação por ali, com uma amiga, o que me humilhara, porque o lugar é descampado e, por isso, quando era eu que o acompanhava, desistíamos sempre. Que força do desejo havia levado Jacques a uma imprudência maior do que quando estava comigo? Se caminhássemos juntos outra vez por aquele lugar vertiginoso, as lembranças que ele teria, e que eu não poderia compartilhar, certamente me afastariam.

    Naquele dia, eu não pensava mais nisso, pois nada nos absorve mais, para o bem ou para o mal, do que as preocupações técnicas. Elas podem se tornar uma obsessão e, nesse caso, obliteram todos os outros pensamentos, inclusive os mais perniciosos. Eu escutava Jacques, que andava de um lado para outro na minha frente. Quando eu erguia os olhos para ele, não via nitidamente seus traços contra a luz, mas seus gestos, por outro lado, eram bem visíveis. Ele me explicava que eu não devia me preocupar, que devia fazer este livro como fizera os outros, com a mesma clareza, a mesma precisão que todos conheciam. Foi um alívio sutil. No afluxo da luminosidade até o ponto de sombra que formávamos, ia tomando forma uma coincidência: eu acolhia as palavras de Jacques com confiança, a solução que ele me propunha já estava em mim, minha vida passada entraria num livro, o conselho que ele me dava para este livro era o início de uma nova vida.

Comecei a tomar notas pouco depois, de modo sistemático. Numa primeira página, fiz a lista de todos os nomes dos homens que eu conhecia com os quais tivera relações carnais; eu me lembrava de todos. Depois, como sou antes de tudo extremamente permeável às sensações espaciais, foram elas que impuseram, imediata e naturalmente, a divisão temática do livro. Classifiquei minhas lembranças de acordo com esses temas, sem hierarquia. Uma vez concluída a revisão da memória, entrei na narrativa.

O pior da crise tinha passado, mas eu ainda tinha algumas recaídas. É incrível que esses sobressaltos não tenham afetado o curso de meu trabalho. Uma discussão podia ter virado briga na véspera, eu chorara uma parte da noite, mas nem por isso deixava de retornar serenamente ao trabalho, no dia seguinte, para descrever uma cena num clube de suingue, ou algum outro ritual erótico ao qual Jacques e eu nos entregáramos. Eu estava tão absorta pelo fio daquilo que estava escrevendo que nenhuma interrupção do cotidiano me afetava. Talvez essas interrupções já pertencessem ao passado, enquanto as lembranças que eu evocava constituíam, paradoxalmente, o meu presente. Quando já estava quase terminando o livro, pude fazer uma constatação. Antes de começar, eu havia pensado em colocar nele algum tipo de mesquinharia, nunca diretamente dirigida a Jacques, mas às mulheres: um detalhe da vida delas ou da sua pessoa física de que eu tivesse conhecimento, e que poderia irritá-las ou humilhá-las, se elas se reconhecessem. Pois bem, a narrativa nunca me levava a incluir esse tipo de detalhe.

Minha atenção estava focalizada na única protagonista feminina daquela história, escrita no imperfeito, tempo do distanciamento e do espaço limitado. Eu descobria que, à medida que os sonhos voltados para o futuro diminuem, pois não temos mais muito futuro para que eles sejam amplos e variados, as lembranças os substituem. Não renunciei aos longos períodos de divagação mental, mas tomo caminhos menos prospectivos. Meço o avanço da idade não tanto pelas rugas do rosto e a rigidez dos membros, mas pela limitação e pelo empobrecimento da faculdade onírica. Forçosamente, e por sorte, o tempo passa, e certas expectativas do começo da vida foram, de um modo ou de outro, satisfeitas. Mas não formulo mais nenhuma outra. Compreendo a melancolia de Rousseau: "Minha imaginação agora menos vigorosa não se inflama mais como outrora contemplando o objeto que a anima, eu me embriago menos com o delírio do devaneio; há mais reminiscência que criação naquilo que ela produz doravante."

O objeto de um devaneio não é um projeto racional cujo tempo de realização podemos medir, curto ou longo, imediato ou distante. O tempo do devaneio é o mesmo da utopia, indeterminado, noção que nossa psicologia só sabe traduzir por "longínquo". Antes mesmo que o enfraquecimento de nosso corpo tenha reduzido o espaço por onde nos deslocamos, o espaço pelo qual se move nosso imaginário já não oferece mais um horizonte suficientemente amplo que possa ser utilizado como terra virgem.

 A distância que tomamos em relação aos acontecimentos de nossa vida passada e que modifica suas proporções, o retorno de elementos que havíamos negligenciado no tempo da ação, a lógica que os encadeia e que era então invisível, o relevo que lhes é dado pela época à qual pertencem, e que já é considerada como um pedaço da história dos homens, sua forma estranha, afinal, que nos faz olhar aquele que fomos como se fosse um outro, tudo isso contribui para fazer da nossa vida passada um sonho. Dizem que o futuro se retrai quando deixamos de acreditar que ele seja eterno, mas os obscuros véus da emoção e dos sentimentos abrem-se para revelar zonas desconhecidas do passado, e é esse que parece se abrir. Tornamo-nos leitores de um romance do qual fomos os autores que não conhecem a si mesmos, e antes de iniciar o último capítulo esse hábil autor pode nos dar uma chave que de repente nos permite ligar entre si indícios semeados ao longo da narrativa, graças aos quais aquilo que não tinha sentido passa a ter. Desse modo, podemos temporizar a tristeza, os lamentos ou a nostalgia, as angústias inerentes a esse último capítulo, com a alegria da leitura de um sentido inscrito.

 Quando era jovem, sonhei muito com o meu futuro, mas tinha tanta confiança na vida que nunca pensei em submeter a realidade à minha utopia. Orgulhosa, deixei o destino agir. Moralizadora, sempre desconfiei daqueles que conduzem a vida como se fosse um romance forjado primeiramente na cabeça deles, aqueles que gostam de "contar vantagens". Por outro lado, agora sei que cada um pode, se não tiver medo do olhar retrospectivo, descobrir que seu passado é *mesmo* um romance e que, mesmo que ele seja pleno de episódios dolorosos, essa descoberta é uma felicidade.

A cena de minha mãe beijando seu amante na entrada do apartamento familiar suscitou o seguinte comentário da parte do doutor M.: "O que salvou você foi ter visto sua mãe nos braços de outro homem." Leitores mais perspicazes do que eu, com mais conhecimentos sobre os mecanismos do inconsciente, saberão talvez elucidar essa frase, ou pelo menos fazer alguma suposição. Quanto a mim, mais uma vez, não soube muito bem o que fazer com ela, muitos indícios que poderiam me ajudar a entendê-la ainda deviam estar dissimulados na minha consciência. Mas talvez fosse suficiente que eu soubesse que estava "salva", sem saber exatamente de que nem por que essa visão teria realizado o salvamento. Como não fui capaz de interpretá-la, tomei a observação sem triunfalismo nem convicção, apenas como um sinal favorável. Essa visão de minha mãe foi objeto do começo de um parágrafo neste livro no qual era eu que me colocava no centro de quase todas as cenas. As visões de Jacques na companhia de outras mulheres foram se tornando menos frequentes.

Ainda tenho um pequeno sobressalto quando ouço pronunciarem o nome de uma delas e, às vezes, eu mesma tomo a iniciativa de fazer isso para testar minha imunidade, ou talvez para constatar que ela não é total. De vez em quando, ainda desdobro um papel amassado que Jacques largou por aí — por reflexo.

CIP-Brasil. Catalogação-na-fonte. Sindicato Nacional dos Editores de Livros, RJ.

M592o   Millet, Catherine, 1948-
        A outra vida de Catherine M. / Catherine Millet; tradução Hortencia Santos Lencastre. – Rio de Janeiro: Agir, 2009.

        Tradução de: Jour de souffrance
        ISBN 978-85-220-0842-1

        1. Millet, Catherine, 1948-. 2. Escritoras francesas – Século XX e XXI – Biografia. I. Título.

09-1734   CDD: 848
                                                            CDU: 821.133.1-94

Texto estabelecido segundo o Acordo Ortográfico da Língua Portuguesa de 1990, em vigor no Brasil desde 2009.

Este livro foi composto em Minion
e impresso pela Ediouro Gráfica sobre
papel pólen soft 80g para a Agir em junho de 2009.